習近平看中的三個人

作者╱王淨文、季達

目錄

第一章

最大黑馬栗戰書出線

2012 年，在貴州省委書記的位置上做了兩年，原本準備再幹一年就回家養老，哪知風雲突變，最後他被習近平委以重任，成了中南海最忙的人：中央辦公廳主任，近年習近平考察或出訪，栗戰書都隨身陪同，被視為十九大常委人選最大黑馬。

栗戰書（左）在副部級的位置上「徘徊」了 15 年，就在他公開談論退休事務時，卻突然被高升，接任中共中央辦公廳主任一職。
（新紀元資料室）

第一節

黑馬栗戰書的意外出任

2012 年 7 月 18 日，新華社稱前貴州省委書記栗戰書「另有任用」，趙克志接任貴州省委書記。但是有海外媒體稱，其實在 7 月 16 日，栗戰書已經被任命為中央辦公廳常務副主任。

中辦過去從來沒有出現過「常務副主任」這樣一個名目。此舉被外界解讀為習近平將重用栗戰書，成為十八大以後的中央辦公廳主任。

由於中辦主任可以調動中央警衛局，其任者是歷任中共黨魁的心腹。中辦主任一職位高權重，不僅負責中央機關的日常運作，而且參與核心機密，是距離總書記最近的人。毛澤東當年用汪東興，江澤民從上海帶曾慶紅進京，胡錦濤從團中央調用令計劃，都是出此考慮。

據說，原來中共高層預計把來自上海的丁薛祥任命為中辦主任，但最後習近平在栗戰書和丁薛祥之間選擇了栗戰書。

　　當時任上海市委常委的丁薛祥，曾經是習近平和俞正聲兩人的祕書長。據報導，習近平原先也考慮丁薛祥接任中辦副主任，最後沒有成行。

　　丁薛祥1962年9月生於江蘇南通。理學碩士學位，教授級高級工程師，1982年8月參加工作，在上海材料研究所任職至所長。1999年起，長期在上海市黨政機關任職。2007年，在習近平調任中共上海市委書記的兩個月後，升任市委常委兼市委祕書長，為習近平的政治祕書。2013年5月，出任中共中央辦公廳副主任，兼中共中央總書記習近平辦公室主任，成了栗戰書的助手。2015年9月，丁薛祥與栗戰書等人，陪同習近平訪問美國。

　　為何最後習近平選擇了栗戰書呢？

　　這裡面原因很多，比如丁薛祥意外落選十八大代表（由於江澤民派系的上海幫搞鬼），習近平與栗戰書的私交、栗戰書的紅二代背景、栗習二人性格相符、情同意和，關係非常融洽等。

　　1950年8月30日出生的栗戰書在成為「黑馬」前，外界對其關注不高，他的年紀也已62歲。栗戰書曾任共青團河北省委書記、西安市委書記、黑龍江省長、貴州省委書記。由於團派胡錦濤曾經主政貴州，很多人將他歸類為胡派，認為他今次上位是團派在中樞卡位，給習近平留下「管家」。

　　從栗戰書的履歷看，他自1998到2002年在陝西任職，曾在習近平的老家山西任市委書記。事實上，栗戰書與習近平自有更深的淵源，尤其是栗本人信奉的為人處世之理念與習極為相投。

　　民間評論，栗是一個誠實中略帶土氣，傳統中略帶保守的人，與中共官場上那些缺乏信念、誇誇其談的技術官僚不同，栗戰書較為能幹實事。2012年兩會期間，總理溫家寶專門到貴州團參加

審議，溫家寶力挺栗戰書之意似乎不言自明。

外界揣測，栗戰書應該是胡、溫、習三人均認可與力挺之人，栗上位後，在搖搖欲墜的現有體制下，栗體恤民情的柔性風格對急需收攏人心的習家班底或有幫助。

不過還有個最關鍵因素：栗戰書是最忠於習近平的，而且在與江派的搏殺中，栗常常幫習想出一些令江派膽寒的舉動，最明顯的就是習近平假裝背痛而消失 14 天的故事（詳見第二章）。

紅二代栗戰書不尋常的家事

栗戰書雖然算是平民出身，但他的叔父栗政通曾是抗日英雄，而且他的四祖父栗再溫曾是山東省副省長。

1937 年，14 歲的栗政通跟隨父親入伍參加了抗日戰爭。栗戰書曾為紀念在扶眉戰役中死去的叔叔栗政通撰寫了一篇題為〈寸心的表白——緬懷我的叔父栗政通烈士〉的紀念文章，發表於 2005 年 6 月 22 日的《河北日報》。時任黑龍江省委副書記、副省長的栗戰書附題記寫道：

「在紀念中國人民抗日戰爭勝利 60 周年之際，謹以此文獻給在扶眉戰役中犧牲的叔父和為中國革命之勝利、民族之解放、人民之利益而獻身的烈士們！

『這是我寸心的表白，當我為人民流盡最後一滴血的時候，讓這張被戰爭鍛鍊成的肖像，隨著你們漂泊吧！』——這是叔父最後一次寄給家人相片時的附言。每當我看著叔父革命戰爭年代留下的幾張發黃的相片，讀著叔父的家信及寄相片時的簡短附言，不禁心潮澎湃，熱淚盈眶。雖時光流逝，思念卻依舊縈繞於

懷，總感覺不吐不可以告慰叔父的在天之靈。

叔父栗政通生於 1923 年，1937 年入伍，編入八路軍 120 師 359 旅 718 團，在王震將軍率領下參加了抗日戰爭，親歷了百團大戰、保衛延安、南泥灣大生產、南征北返。解放戰爭中，他參加了著名的孟良崮戰役、淮海戰役。1949 年在西北戰場上的扶眉戰役中，叔父作為第一兵團六師十八團獨一營營長，在攻占馬家山的戰鬥中壯烈犧牲，年僅 26 歲。

我同叔叔並沒有見過面。當他為人民流盡最後一滴血的時候，我還沒有來到這個世界上。但在我的心目中，他是一位偉大的英雄，是我崇敬的偶像。

記得在我剛剛懂事的時候，父親就不止一次地向我講述有關叔叔的故事。印象最深的是父親從陝西眉縣運回叔叔的靈柩並進行安葬。那是 1950 年春天的一個晚上，爺爺、奶奶把全家人叫到一起，大家圍著一盞昏暗的煤油燈，共同商量著一件幾乎全家人都深切關注和惦念的事情：叔叔參軍離家 13 年了，只在 1949 年的春天回過一次家並結了婚。現在他死了，他的骨骸還在千里之外的眉縣馬家山的山窪裡，他的靈魂還在荒郊野外漂蕩。而家裡有他的父母兄妹，有他結婚不到一個月就匆匆離別，而一別就永遠不能再相見的新婚妻子。況且，他最後一次離家時心情並不高興，他是生著氣走的，他很可能在戰場上是生著氣向敵人衝殺而飲彈身亡的。憑著他十多年的戰鬥經驗，憑著他當過偵察排長、偵察連長的經歷，他是不應該死的。現在他死了，雖然他再也不會向家裡人述說著什麼，但家裡人誤會了他，應該把他叫回來，應該用親人的親情去溫暖他那顆可能受到創傷的心。幾乎是一整夜，全家人邊商量著如何把叔叔的骨骸取運回來，邊回憶著叔叔

與家人壯別的一幕，所有人的眼裡都噙著淚花，父親哽咽著，姑姑們則大聲嚎哭著，只有堅強的爺爺、奶奶把悲痛的淚水咽在自己的心裡……

那是 1949 年 3 月，叔叔隨部隊參加了著名的淮海戰役後，奉命撤回西北戰場，部隊就從我的家鄉一帶路過。當時，家裡給叔叔找了一個媳婦，叔叔也順便回家完親。叔叔那時是營長，回家時騎了一匹棗紅大馬，帶了一位年紀尚小的勤務兵，實際上也是警衛員。叔叔離開部隊時，部隊首長告訴他：革命即將勝利了，你回家成親後，如果願意回來就回來，如果不願意回來，就把那匹馬留在家，讓勤務兵趕回部隊。叔叔已經 12 年沒有回家了，與家人的團聚，新婚的甜蜜，勝利的曙光，還有他帶回的淮海戰役立功受獎的勛章和獎狀，這些令人高興的事情，使叔叔的心情格外興奮，他真有點不想再回部隊了。一天晚飯時，叔叔把他的想法告訴了家裡人，他受到了全家人的「批判」。爺爺說：『革命還沒成功，你怎麼能當半截子革命呢？』大姑姑說：『你不能當逃兵！』小姑姑說：『我看你是怕死哩！』叔叔聽了十分生氣地說：『我怕死，你到戰場試一試，一顆炮彈就會把你嚇死！我為了發起一次衝鋒，死過三個司號員。一個站起來剛吹響號角，敵人一槍把他打倒，第二個、第三個都是這樣犧牲的。最後是我衝出來，立在最高處吹響了衝鋒號，高喊著：不怕死的戰友們，跟我衝啊！敵人的子彈從我頭上嗖嗖穿過，我怕死，你敢嗎？』那一夜，叔叔輾轉難眠，他的心裡可能進行了一場不知是什麼味道的痛苦鬥爭。第二天一大早，他執意要回部隊，爺爺、奶奶，還有他那年輕美貌的新婚妻子，還有我的父親、小叔、姑姑們，還有全山村的男女老少鄉親們，都到我家門口為他送行。他抱著

那匹高大的棗紅大馬，深深地親吻了一口馬的臉頰，便踩鐙跨馬，飛也似的奔馳而去。全家人呼喊著：『政通，你要回來呀！』奶奶哭著說：『好孩子，一定會回來的。』我那嬸嬸則轉過身，用雙手捂著臉嗚嗚地哭，汪汪眼淚從手指縫裡流淌出來。而這一切，叔叔似乎一點都沒聽見、沒看見，只管騎著他那匹駿馬，連頭也沒有回，急速地轉過了山嘴，消失在崇山峻嶺之中。叔叔就這樣連蜜月都沒有度完就走了，走了就再沒有回來。大約五、六個月後，家裡收到了部隊寄來的叔叔犧牲的通知書，才知道他離家兩個多月就永別了人世，全家人又一次沉浸在悲痛和思念中……」

從這篇文章的描述中可以看到，栗戰書是個很重情義的人，這點與習近平很類似。

栗戰書還有個四祖父叫栗再溫。栗再溫 1927 年加入中國共產黨，先後在中共北平市委、太原特委工作。1934 年受北方局派遣回到家鄉，在太行山一帶開展工作，任中共直西特委書記。1949 年後，栗再溫曾任中華全國總工會書記處書記、山東省副省長。1965 年 8 月後任山東省委書記處書記。

栗再溫還是第一屆全國政協委員，第三屆、第四屆全國政協委員和全國第一屆人民代表大會代表。

1966 年 9 月因提出保護國家文物的意見，栗再溫被紅衛兵批鬥，11 月被關進「牛棚」。曾憤語「寧可枝頭抱香死，何曾吹落北風中……」1967 年 2 月含恨去世。時年 59 歲。

1979 年 3 月 31 日，中共山東省委予以平反，恢復名譽，並批准為革命烈士。

可以說，栗戰書也相當程度沾了這些紅色長輩的光，否則他怎麼能一步步上來呢？

第二節

一步步慢慢上升的仕途

　　栗戰書 1950 年 8 月生在河北平山，1971 至 1972 年在河北省石家莊地區財貿學校物價專業學習，22 歲參加工作，從石家莊地區商業局辦公室幹事到副主任，1975 年 4 月加入中國共產黨，1976 至 1983 年河北省石家莊地委辦公室資料科幹事、科長。

　　1983 至 1985 年河北省無極縣委書記，1985 至 1986 年河北省石家莊地委副書記、行署專員，1986 至 1990 年共青團河北省委書記，1990 至 1993 年河北省承德地委副書記、行署專員；1993 至 1997 年河北省委常委、祕書長。1997 至 1998 年河北省委常委、農村工作領導小組副組長，1998 至 2000 年陝西省委常委、農村工作領導小組副組長、辦公室主任。

　　2000 至 2002 年陝西省委常委、組織部長，2002 至 2002 年陝西省委常委，西安市委書記、市人大常委會主任，2002 至 2003 年陝西省委副書記，西安市委書記、市人大常委會主任。

2003 至 2004 年黑龍江省委副書記，2004 至 2007 年任黑龍江省委副書記、副省長（其間：2005 至 2007 年哈爾濱工業大學高級管理人員工商管理專業學習，獲高級工商管理碩士學位），2007 至 2008 年黑龍江省委副書記、代省長，2008 至 2010 年黑龍江省委副書記、省長。

2010 至 2012 年貴州省委書記、省人大常委會主任，2012 至 2012 年中央辦公廳主持常務工作的副主任（正部長級），中央辦公廳主任，中央直屬機關工委書記，貴州省人大常委會主任，2012 至中央政治局委員、中央書記處書記，中央辦公廳主任，中央直屬機關工委書記，貴州省人大常委會主任（至 2013 年 1 月）

栗戰書是第十六屆、十七屆中央候補委員，十八屆中央委員、十八屆中央政治局委員、中央書記處書記。

從這份簡歷來看，栗戰書憑藉一點紅色資本，一步步靠自己學習、實幹而慢慢晉升。栗戰書的妻子叫王金鳳，是河北人。他們只有一個女兒，叫栗潛心。目前她持有香港身分證，是香港建銀國際資產管理聯席董事。

有關栗戰書仕途上的起伏，從下面一些故事就能看出端倪。

看不慣程維高的匪氣 遠走他鄉

2003 年 3 月，江澤民正式交出黨總書記和國家主席職務，同年，江澤民的好友、前河北省委書記程維高，因「包庇祕書、打擊報復舉報人」等違紀行為受到查處。8 月，經胡中央批准，「中央紀律檢查委員會對程維高嚴重違紀問題進行了審查，決定給予其開除黨籍處分，撤銷其正省級職級待遇」，回老家江蘇常

州養老。

在江澤民的「關照」下，程維高直到 2010 年死，一直享受著中央副部長級待遇。他的案子始終沒有進入司法程式，其祕書成了犧牲品，前一個祕書被判死緩，後一個祕書李真「河北第一大祕」，因巨額貪腐被判死刑。

在江掌權時，1990 年，程維高高調赴河北，歷任省長、省委書記、省人大常委會主任，當政 13 年，有江澤民撐腰，程在河北匪氣十足，對舉報他的人任意打擊報復，被稱為河北省的「北霸天」。

河北的 13 年，是程維高政治生涯的最高峰，也終成他的「滑鐵盧」。2008 年，一位中共中央媒體的記者曾去拜訪已經歸隱的程維高，程維高表示，最不舒心的日子就是在河北，因為「勾心鬥角」厲害。程所稱的「內鬥」，就包括栗戰書不願與其同流合污。

有報導稱，程維高擔任河北省委書記之後，與其祕書李真聯合起來排擠異己，栗戰書也被邊緣化，甚至一度被免掉省委祕書長，擔任空頭常委，只掛個省委農村工作領導小組副組長的名頭。栗就是因為看不慣程的霸道與匪氣，不肯同流合污，才一氣之下，最終被迫遠走他鄉，到陝西擔任省委副書記以及西安市委書記。

「三北幹部」與做人「三不」原則

為躲避程維高，2000 年，栗戰書擔任陝西省委組織部長。一年多後，2002 年 1 月，他以陝西省委常委身分，出任省會西安市委書記，三個月後又當上市人大常委會主任。緊接著，他升為陝

西省委副書記，仍然是西安市委書記和市人大常委會主任。2002年，他在中共十六大上當選為中央候補委員。

在西安任職期間，栗戰書對這座古城的發展做出了前瞻性的規劃，提出了「中國西安，西部最佳」的創建目標。西安主政一年多，2003年12月，栗戰書離開西北到了東北，擔任黑龍江省委副書記。他自己說：我在華北地區的河北工作過，在西北地區的陝西工作過，現在又在東北地區的黑龍江工作，有人說我是「三北幹部」……

栗戰書曾形象的描述自己工作過的三個地方，河北有「趙燕俠義之情」，陝西有「三秦之人的豪爽之風」，黑龍江人「古道熱腸、寬厚包容，因為它是一個移民的省份」，黑龍江人當中60％是來自山東，20％來自河北。他由此感慨「每一個人都有長處要互相學習，每一個人都有短處要互相包容，每一個人都有難處要互相支持，每一個人也都有苦處要互相體諒。」

2004年10月，栗戰書除了擔任黑龍江省委副書記，又被任命為副省長、省行政學院院長。2007年12月，他任代省長，一個月後，正式當上省長。

就職演說上，他除了套話之外，表態要做到「三不」：不整人、不耍滑、不偷懶，還自稱：「『三不』，是我一直做人的準則。」有分析人士認為，從其經歷看，他是針對江派的貪腐有感而發。

2009年11月21日，黑龍江鶴崗新興煤礦發生地底瓦斯突然噴發事故，造成近百人罹難，引起北京高層關切。鶴崗煤礦礦難死者眾多，震動全中國，正當人們關注栗戰書是否會因此引咎辭職下台時，栗戰書卻在檢討會議上公開表示，自己應負相關責任。

他說：「在這次事故發生之前，我們省安全生產事故和死亡

人員數同比都有較大幅度下降。但是昨天發生的『11‧21』安全生產事故，一下使我們的安全生產形勢逆轉，我負有重要的領導責任。」

最終，栗戰書官位未受影響，但其坦然面對責任的一幕卻讓外界頗感意外。

走到哪 學到哪

當年在黑龍江的黨政搭檔吉炳軒和栗戰書，同屬「共青團派」戰友，但兩人的官運對比強烈。據《諸侯爭鋒》一書介紹，省委書記吉炳軒、省長栗戰書，上個世紀 80 年代中期都曾經是共青團隊伍中的要員，當時兩人的職位、級別差不多：吉炳軒擔任共青團河南省委書記，而差不多同時，栗戰書則在河北當團省委書記。但後來兩人的官運就相隔雲泥了：90 年代初期，吉炳軒當上團中央書記處書記，後來又升至中宣部副部長、常務副部長，2003 年就是正部級了，而栗戰書則在省委常委這一級別上蹭蹬了整整十年，但兩人最後又在黑龍江成了黨政搭檔。

雖然栗官運徘徊，但栗本人卻不以為然，自有其樂。學習新知識，是栗的一大特點，有人稱栗戰書是「走到哪，學到哪；活到老，學到老」的典範。

栗戰書是 1950 年 8 月生，家鄉是河北省平山縣杜家莊南溝，1972 年 12 月參加工作，河北師範大學夜大學政教系畢業，高級工商管理碩士。

1971 年，他在河北省石家莊地區財貿學校物價專業學習，1972 年進入石家莊地區商業局辦公室當幹事，後升為副主任，資

料科科長。一直到 1983 年，才擢升為河北省無極縣委書記。這段期間，他業餘時間在河北師範大學夜大學政教系學習。

1985 年，栗戰書升任石家莊地委副書記、行署專員。剛幹一年，被調去擔任共青團河北省委書記，其間 1988 年在中央黨校黨建理論培訓班學習了半年。

1990 年，40 歲的栗戰書離開了共青團，調任河北省承德地委副書記、行署專員；三年後，升任河北省委常委兼祕書長。在此期間，他於 1992 年到 1994 年，在中央黨校函授學院經濟專業學習；隨後又於 1996 年到 1998 年，在中國社科院研究生院財貿系商業經濟專業的在職碩士研究生課程班學習。1997 年，他的頭上增加了一個官銜：省農村工作領導小組副組長。

2005 年到 2007 年，栗戰書在哈爾濱工業大學高級管理人員工商管理專業學習。

雙面性格：豪放與情長

栗戰書沒有正規的學歷，但刻苦讀書，被視為「最富有文學才華的地方諸侯」。在政務之餘，他幾十年創作詩詞積累下來達數百首，被稱為「詩人省長」。「大將出征當狂吼，一代男兒正圖強」這是他早年的詩句，「展現了渴望建功立業的壯志豪情」。

栗戰書表示自己不會打拳，但喜歡看拳擊節目，一句京劇不會唱，但喜歡聽京劇。栗稱自己「在生活、工作當中，我這個人的性格好像也是雙面的，有時候覺得很豪放⋯⋯有時候又很兒女情長。」

栗戰書也曾經給女兒作詩：「多姿多采似君蟬，習文習武勝

兒男。愛之猶如掌上玉，女若蒼穹宮中仙。」栗戰書女兒栗潛心
如今在香港也挺活躍，現任中信資本副總裁，香港華菁會副主席。
據稱栗戰書的女兒名叫栗潛心，這個名字也被認為「體現了栗戰
書本人的趣味」。

從黑龍江轉戰貴州

2004 年前後，黑龍江垮台的高官比例之高，在全國名列前茅，
田鳳山、韓桂芝、傅曉光、范廣舉、馬德、趙洪彥……，像「馬
德賣官案」、「寶馬撞人案」，都引起全中國轟動。2004 年 4 月，
原黑龍江省長田鳳山、原省政協主席韓桂芝相繼落馬；而那年 9
月 28 日，黑龍江官場大地震，五省級貪官同時「下課」——免
去副省長傅曉光、人大常委會副主任范廣舉、省委常委、祕書長
張秋陽及省檢察院檢察長徐發、省法院院長徐衍東的職務。栗戰
書就是在他們下課之後，以省委副書記身分兼任副省長的。

2008 年兩會，栗戰書在《小崔會客》節目最後的三分鐘即興
演講中，按照崔永元所出的「分享」這個題目，侃侃而談：「政
府公共財政的陽光要跨越山嶺、穿過樹林，使黑龍江生活在每一
個角落的老百姓都能夠感受到溫暖。」

然而栗戰書似乎沒有什麼時間撒下「陽光」，除了「三北」，
栗戰書的履歷中，又增添了大西南，2010 年 8 月栗戰書從富裕省
份黑龍江被調入貧困的貴州，任省委書記。2008 年時栗戰書表示：
退休後我想做慈善事業。哪知道他不但去了貴州，最後還去了北
京中南海。

在貴州省栗戰書當上一把手，可以放言無忌。正值各地拆遷

民怨很大，栗規定，徵地拆遷不得運用警力。據悉在貴州省政法工作會議上，栗戰書說，不少地方黨政領導和部門，把協調、處理人民內部矛盾的事情一股腦兒推給政法部門去做，自己撒手不管，這是極端錯誤的。大量的人民內部矛盾應由黨政機關、相關部門、基層組織來解決。

栗戰書說，妥善處置群體性事件要堅持以疏導、化解為主，慎用警力、慎用武器警械、慎用強制措施，以防矛盾激化，引發警民衝突。

胡錦濤視栗戰書為「自己人」

2010 年 8 月 21 日，與胡錦濤關係密切的中組部常務副部長沈躍躍在「貴州省領導幹部大會」上引見栗戰書，稱他「較早走上領導崗位……領導經驗豐富，駕馭全域和處理複雜問題能力強」。

上任的栗戰書就對胡錦濤表忠心，「我們一定要搶抓機遇，貫徹落實中央西部大開發戰略精神……。當務之急是統一思想，要『同以胡錦濤同志為總書記的黨中央保持高度一致，把思想統一到發展上，把心思集中到發展上，把力量凝聚到發展上』。」

寫下幸福公式 轉身進京

在貴州，栗戰書也不得不從「振興東北」的大亨角色，變成面對現實要解決「上學難」的教育家。

栗戰書說：「我到貴州以後，已經去過 40 多個縣，幾乎每

到一個縣，我都會去一些學校或貧困的農民家庭去進行訪問，了解教育的狀況。我深深感到，貴州不少的地方學校的基礎設施建設還比較薄弱，校舍破舊甚至已是危房，操場、廁所建設都不是很好。還有一些地方學校的布局不夠合理，一些貧困或偏遠山區的孩子上學得走三、四公里。上學翻山越嶺，還要帶著乾糧，給他們增加了很大的困難。此外，還有一些地方師資水準低，教學質量低。」

栗戰書為此提出了一番長遠規畫，包括增加投入，改善師資，提出目標，學齡前兒童的毛入園率在 2015 年要達到 60％以上，九年義務教育要保證不讓一個適齡兒童失學。高中教育的毛入學率由現在的 53.4％提高到 63％，高等教育的毛入學率由現在的 18％提高到 27％。

栗戰書表示會盡最大的努力為孩子們上學創造較完美的條件，並且寫下的 2011 幸福公式就是：「2011＋ 所有適齡兒童、孩子們都能夠上了學、學得好＝幸福。」

貴州僅待了兩年，時運已到，中南海一聲召喚，栗戰書迅即轉身進京。可以確定的是栗此行注定飛黃騰達，而充滿疑問的是，栗書記留下的幸福公式，貴州老百姓又等著誰來加減乘除呢？

第三節

習近平與栗戰書的緣分

習近平的密友栗戰書（後），在官場
的分量越來越重。（Getty Images）

習近平最終看中栗戰書

　　栗戰書與習近平在過往經歷中有過三段交集接觸。

　　早在 30 年前，1983 至 1985 年間，栗戰書在任河北省無極縣
委書記時，習近平就在鄰縣正定縣任職黨委書記。無極與正定都
隸屬石家莊管轄，兩位縣官開會時常常見面。據說兩人很投緣，
相見甚歡。

　　1998 年，栗戰書調到陝西，先後任省委常委、農村工作領導
小組組長、省委組織部長，2002 年又出任西安市委書記。而陝西
正是習近平的故鄉，他不但在文革中在陝西插過隊，後來他與陝
西的方方面面有很多聯繫。

　　2011 年 5 月 8 日到 11 日，習近平以中央政治局常委、書記
處書記的身分到貴州考察。時任貴州省委書記、省人大常委會主

任的栗戰書放下一切別的工作，全程陪同，期間並與習近平單獨長談。知情人士強調，這次談話對於栗戰書的仕途至關重要，正是通過這次長談，習近平對栗戰書十分認同，決定重用。

詳細地談，栗戰書一家與習近平一家緣分和交情都很深：栗戰書的四祖父曾是中共河北地下黨，與習近平的母親齊心「有淵源」，兩家一直有來往。

據稱，2002 年習仲勛病逝時，時任陝西省委副書記、西安市委書記的栗戰書特意給習家發來一封唁電，該唁電稱：「作為受過習老思想和精神薰陶的晚輩，謹對習老表示最沉重的哀悼和最深切的懷念！並向齊心老人及所有親屬表示親切慰問。」

當時習仲勛是被鄧小平貶職的，原因就是習仲勛反對無理取消胡耀邦的職位。栗戰書那封唁電，對習家人來說倍感溫暖。

2003 年《習仲勛革命生涯》首發座談會在北京大會堂舉行時，栗戰書也曾專程赴京參加，顯示他與習家的確比較親近。

栗觀看《習仲勛》熱淚盈眶

2014 年 6 月，大型文獻紀錄片《習仲勛》編導夏蒙，在福州舉行的紀錄片《習仲勛》研討會上細說了該片創作背後的故事。栗戰書在看紀錄片《習仲勛》時曾感動得熱淚盈眶。

夏蒙談到，2002 年在習老轉院北京治療期間，攝製組被允許進入病房進行了一個多月的採訪和拍攝。期間，他曾遇到了兩位來探望習老的國家領導人。

一位是李瑞環，一位是溫家寶。他們得知要為習仲勛做紀錄片，都表示：「對習仲勛同志的宣傳，怎麼宣傳都不為過。」「仲

勛同志，我們宣傳得很不夠，你們應該好好地做這項工作。」

在紀錄片《習仲勛》第一集裡，有一段習近平當年手捧父親骨灰盒「送父歸鄉」的畫面感人至深。起初夏蒙擔心審片是被否定，就刪除了這一段，「但是後來接到通知要陪幾位領導看片，我決定還是連夜加班放進去。我特意還陳述了一下放進去的理由，我說那一段是當初用 DV 在中巴車上搖搖晃晃拍的，但是這麼多年來，這一幕深深打動了我，這樣一種中國人做兒女的情懷，他跟我們大家是一樣的。一路上幾個小時抱著這個骨灰盒，我們叫他放一放，他說按規矩這個不能放，一定要自己抱著。就一路把老父親送到關中。我覺得這一幕放進去了，只會傳遞正能量，所以我把這個理由一說，栗戰書同志也同意了，他說你們放進去吧，後來這一段播出也是在網上截屏點擊最高的一塊。」

夏蒙還透露，看片子時，「我注意到，劉奇葆部長、栗戰書主任也都熱淚盈眶，把他們也感動了，我當時總算踏實了一點。看完片子，栗戰書就說了，從觀眾的角度看這部片子，我覺得是這幾年來，最感動我的一部文獻紀錄片。」

第二章

習「背痛隱身」內幕

栗戰書之所以被習近平選中當上「中南海大管家」，一方面是
栗戰書與習近平互為知己，還有個重要原因是栗戰書對江派的
強硬手段，幫助習近平走出來，做出讓江派不得不屈服的事，
其中最出色的就是 2012 年 9 月 5 日習近平的「消失 14 天」。

在公共視線中消失的這 14 天裡，習近平會見了 200 多名紅二代太子黨並獲
得支持進行改革，為他日後敢於挑戰黨內大老虎打下心理基礎。（AFP）

第一節

十八大前危機四伏

2012 年 5 月京西賓館會議協定讓周永康與薄案切割，以確保 18 大交接。圖為 2013 年中共十八屆三中全會與會官員陸續進入京西賓館。（AFP）

　　2012 年 9 月 1 日周末，中共連發三道任命，令全球大驚。這是兩個中央直屬機構的緊急人事任命：中央書記處書記、中央辦公廳主任令計劃調任中央統戰部長，兩天前剛透露的中辦副主任栗戰書接任令計劃的主任位置。而原統戰部長杜青林卸任，給令計劃讓位。一天三任命，實為罕見。9 月 5 日，習近平被外媒報導因「背傷」取消一切外事活動，「失蹤」半年多的公安部「打黑英雄」王立軍被公訴……

胡錦濤獲得「倒江」絕好機會

　　胡錦濤的十八大布局，其實早有計畫，而計畫中的最重要一步就是 2011 年 7 月由安排好的內線給香港媒體放風稱「江澤民死亡」，一方面試探江系的反應與實力，另一方面，是試探中國

大陸民眾的反應，看一下倒江有無民意基礎。

經港媒放風「江澤民死亡」的訊息後，江系做出的反應、中國民眾放鞭炮慶祝等行為，讓胡錦濤等人一起決定了倒江的計畫。也因此，就有了後來令計劃對薄熙來與王立軍施以的離間計。

到了 2012 年 2 月，王立軍為求自保闖入美領館，更是給了胡錦濤一個絕佳的「倒江」的機會，那就是通過王立軍先將薄熙來拉下馬。

2 月中旬，薄熙來夥同周永康試圖政變的消息率先被美國媒體公開。在以胡錦濤、溫家寶、習近平的「倒薄派」與周永康、李長春為首的「挺薄派」的激烈鬥爭下，3 月 15 日，薄熙來被免去重慶市委書記一職。而一直公開挺薄的政法委書記周永康也開始日漸失勢。

4 月 10 日，薄熙來被停止中共中央政治局委員的職務，其後兩天，關於中共政治局常委、政法委書記周永康的負面消息大量湧現。

2012 年 4 月 27 日左右，一直受到山東政法委嚴密監視的陳光誠，突然逃出，並成功進入在北京的美國大使館。陳光誠進大使館之後直接要求法辦政法委，直指周永康。

陳光誠在一個視頻中表示，周永康系下的政法委無法無天，陳還表示這些對他的暴行已經延續了數年，最後他在錄像中對溫家寶說：「究竟是地方黨委幹部違法亂紀、胡作非為，還是受中央指使？我想不久您應該給民眾一個明確的答覆。」這些證據都對周永康在中共內部造成了極大的壓力。

那時，天意民心都可讓胡錦濤順勢拿下周永康，不過，胡錦濤因出於其左派情結，想保共產黨，天賜良機被他錯過了。

為免中共立即垮台 京西協定達妥協

2012 年 5 月 4 日左右，200 名中共高官參加了京西賓館的會議，胡錦濤在這個會上定下了「方針」，周永康內部「裸退」，交出權力，失去指定政法委接班人的權力，讓周永康與薄案切割，只等著十八大後平安退休。同時，中南海高層達成「默契」，周永康可高調露面來營造表面的「和諧」、「穩定」，以確保十八大權力順利交接。

據悉，當時中共黨內達成協議的內容還包括：以李長春、周永康等為首的「保守派」同意溫家寶的「政改」呼籲，但是「政改」必須極為有限，其中包括將實行所謂的「高層海選」，廣東帶頭進行「試點」等。

誰知這一切在後來又出現了變化。

5 月京西會議的約定本來已經再次劃定中共內部的權力版圖，同時胡錦濤也開始對習近平移交權力。薄熙來案件也在當時被界定，縮小打擊面，只要公開切割就不會被追究，很多「內部處理」會留在十八大以後再說。

中國經濟面臨崩潰 被迫「硬著陸」

當時，號稱中共的「救火隊長」王岐山，在最高層授意下，急於在 4 月初就要求華東七省市立下「軍令狀」，力保全年 10% 的外貿增速目標。

中國經濟危機處於大爆發前夕，中央濫發鈔票，大量資金撤離、物價高漲、房地產泡沫和官員大量外逃等，中國經濟面臨「硬

著陸」困境之中，外資對中國的信任已降到冰點。

就連被稱為是經濟「領頭羊」的廣東珠三角經濟當時也正陷困境。東莞市也面臨多鎮已破產。東莞樟木頭鎮政府已經嚴重收不抵支，負債可能高達 16 億元。珠三角企業倒閉持續，涉及行業包括電子、紡織、製衣、製鞋和玩具等。2012 年 8 月 24 日至 25 日，中共總理溫家寶不得不來到廣東省廣州、佛山、東莞等地摸底調研。

中共國務院參事室參事在內部會議中也坦承，上海、浙江都不是什麼 7% 的增長，其實都是負增長！

2012 年 7 月 5 日，中國央行再次宣布下調利率，這是不到一個月來的第二次降息。

曾慶紅和周永康「毀約」

就在中南海最高層忙於中國經濟「救火」的時候，情況又發生了變化。

江澤民、曾慶紅等人難以接受在十八大後將失去所有的權力的局面，一直想方設法「攪渾」、「拖延」局勢，並且在江派內部召開了多次祕密會議，最後終於找到了一個機會。

早在 2012 年 6 月，日本就提出了要「購買釣魚島」。當時中國大陸方面有多方保釣船想要赴釣魚島捍衛主權。但是出發當日參加人士被「中共請回」，導致行動被迫取消。

8 月 15 日，香港「保釣行動委員會」等一行 14 人從香港出發，乘坐保釣船抵達釣魚島宣示主權，其中 7 人上岸登陸釣魚島，後被日本扣留。此舉使得中、日在近日摩擦不斷的釣魚島問題更加

「火上澆油」。其後,在中國大陸各地都發生了大規模的「反日遊行」,海外部分中文媒體和人士也在釣魚島事件上大做文章。

通過煽動保釣魚島,周薄政變圈內的江派統戰部長杜青林所控制的統戰部海外特務情報系統和海外江派媒體,給胡、溫、習、李施加壓力,也想通過釣魚島問題提升戰爭準備實行軍管,以國家處於特別戰事狀態來拖延十八大權力交接,藉此來延續周永康等一批江派的權力。

周永康和曾慶紅的又一輪反撲

2012 年 8 月 20 日,中共官方稱,薄谷開來因「故意殺人罪」被判處死緩。從薄谷開來的罪名中,也看不出與薄熙來的聯繫。5 月份的京西協定中與薄熙來「切割」的手法在此體現無疑。

9 月 3 日至 4 日,經常「被露面」的周永康滿面春風,高調到訪安徽省,首先來到合肥市中級法院,並稱要「努力使辦理的每起案件都經得起法律和歷史的檢驗」,與溫家寶在兩會期間提的「經得起法律和歷史的檢驗」針鋒相對。

周永康此舉表面上是協助「肯定」胡、溫審理薄谷開來,但同時統戰部在海外的特務、情報人員隨即海外再高調放出被審理的薄谷開來是「替身」,攪局審判,周永康關於「將為薄熙來翻案」的講話在海外媒體流傳。

9 月 3 日,有海外中文網站引用「周永康的一位親信」的話稱:「周永康多次私下表示,薄谷開來並未謀殺海伍德!」並說,在過去的幾個月裡,周永康還曾經多次前去探望薄熙來和薄谷開來。周永康說:「薄熙來同志相信黑暗很快會過去」,他「一定

會看到太陽出來的日子」。

　　與此同時，東京都調查團在 9 月 1 日晚從沖繩縣石垣港出發前往釣魚島，中、日雙方在釣魚島問題上越鬧越大。中國國內要求收復釣魚島的呼聲越發高漲。

第二節

習提三要求 令計劃換崗

令計劃的獨斷專行和攬權作風，讓習非常反感。當江派提出要調走令計劃，習近平順勢讓栗戰書提前上崗，為他布署十八大的具體安排。（Getty Images）

各方施壓 習近平陣營「心急如焚」

2012 年 9 月 1 日前後，中共局勢內外交困。釣魚島使得中、日關係越來越惡化，面臨戰爭邊緣；中國的經濟外貿低迷，內需不振，大量民眾失業，面臨崩潰的大潮；以周永康為首的「挺薄派」明暗兩層面都在挑動事端。

5 月份的京西協定等於是給了周永康一道「免死符」，也使得「毛左」們死灰復燃。同時，在中共黨內，由「毛左」所煽動起來的所謂「釣魚島屬於中國，薄熙來屬於人民」的說法也在悄悄流傳。「毛左」開始給胡、溫、習施加壓力，又加上因為派系林立，以及 5 月份預定的對薄熙來要輕判的協定，使得中共走入

一個死局。

當時，溫家寶已經說不上話，江派在國際上四處放料，散布胡、習分裂等傳聞。江派掌門人曾慶紅四處活動，策劃用局部戰事來實現軍管以度過中國經濟危機。一旦中國和日本爆發戰爭，中共十八大就會延期一兩年，江派人馬就能繼續主政，並同時找尋時機反撲。

一時間，中南海迷霧大起，刀光劍影，對日籌備戰事的姿態也拉開了。

習近平的反擊：我辭職不幹了

在這個局面下，習近平和栗戰書等幕僚看得很清楚，無論習如何做，都會被「架在火上烤」，在黨內和黨外都會受指責，甚至被審判。中共的破船即使可以撐過十八大，之後中國出現的任何問題，「屎盆子」和責任都會扣在習近平的頭上，十八大之後中國問題成堆，這些問題都會被毛左們羅列為是習近平錯誤處理薄熙來問題的「結果」，如此，薄熙來仍可能隨時會出山「收拾舊山河」。

若待他日遭審判，還不如現在就反擊。在幾乎無退路的情況下，習近平開始聯手胡錦濤，反擊江澤民。

這時發生了 2012 年 8 月 29 日的國航「神祕」返航事件，以及習近平請辭事件。

8 月 29 日那天，飛往美國的飛機飛行了七小時後，發現上面有中共高官出逃，胡錦濤不顧國際影響，下令讓飛機返回。但後來人們得知，出逃的不是什麼高官，而是統戰部長杜青林的紅顏

知己、一個與副總理回良玉關係密切的丁姓女間諜。

三天後的 9 月 1 日，官方突然宣布令計劃被撤職，同時有消息傳出，習近平辭職不幹了。

據說，習近平在 8 月底的政治局會議上正式向中共中央請辭，並稱只願意做中央委員，不做中共總書記。消息一出，震驚中南海。

各派都迅速評估習近平請辭的後果，最後得出的結論是，如果習近平真的不幹了，中共將立即崩盤。習近平最初被選定時，就是因為他是「各方都可以接受的人」，到了現在這步已經沒有人能替代他。如果習近平不幹了，中共高層所有人都必須立即面對考慮自己的後路問題，整個布局全亂了。

若中共立即倒台，民眾起來建立民主社會，江派血債幫首當其衝要被審判，血債血來還，即使胡、溫也難免要對執政十年來因無法擺脫江系而造成今天中國的惡果承擔責任，對中共「第二權力中心」造成的各類血案負一定罪責，中共「退休」的大佬們也需要為其那個時代的罪惡和這十年來的「聽之任之」承擔罪責。

當時中南海立即安靜了，安靜得拿不出方案，對外也不知道如何說，各派停止了廝殺，因為他們都看到了他們不敢想的後果了。

習提出處置周永康 江派要令計劃下台

習近平請辭的消息就像是一個巨大的炸彈。所有的人都沒有料到在這個時候會出現「接班人不戀棧」、「不願再接班」的事，於是中共元老們紛紛出面調停。喬石、李瑞環、朱鎔基和在黨內

相當有勢力的葉家代表葉選寧等都罕見地達成默契，紛紛出面勸說習近平，並表態支援習近平。

在習近平「神隱」的 14 天內，據悉最終定下的內容有：十八大時間表、無論從政治還是其他方面薄派都不能再「翻身」、系統地肅清文革餘毒、逐步摒棄毛澤東和馬列思想等事項。

而習近平到底為接班提出了什麼條件，這 14 天他是如何過的呢？中共兩派一直嚴密封鎖信息，直到 2014 年 12 月 22 日令計劃被查後，才陸續有消息傳出。

消息稱，在習近平「撂挑子」的前兩天，也就是 2012 年 8 月 29 日星期三，在中共政治局會議上，討論十八大常委人事安排，人數是保持江澤民時期的九人，還是恢復到以往的七人。會上習近平放出風聲，不嚴懲薄熙來，不降格政法委，不讓周永康立刻辭職，他就不接班。因為習近平看到，胡錦濤這樣擊鼓傳花，把麻煩事都拖到習上台後，習很可能坐不穩半年就得被江派拉下馬。

在經受周永康這十多年的折騰後，胡錦濤當然願意在習近平挑頭當主力的情況下，推倒周永康。於是胡錦濤陣營的人都立刻同意，但江澤民不幹了。薄熙來已落馬，周永康再被打倒，江派就沒有多少勢力了。

於是曾慶紅給江澤民出主意，若要讓周永康失去權力，那也得讓胡錦濤損兵折將，於是江派提出要把令計劃拿下。因為令計劃是直接布署王立軍與薄熙來反目的人，關鍵是令計劃在兒子車禍死亡那天，沒有經過中共中央軍委的批准就擅自調動中央警衛局的兵力，這對共黨來說是嚴重違紀。薄熙來當初調動重慶的武警到成都抓捕王立軍，胡錦濤也以此治罪薄熙來。於是江派提出

必須用同樣的方式來懲罰令計劃。

睚眥必報，這是妒忌心極強的江澤民小肚雞腸的特性。胡錦濤雖然不情願，但為了讓習近平答應來接共產黨這個爛攤子，胡錦濤答應了。

習也想換掉令計劃 讓栗戰書安排十八大

當江派提出要調走令計劃，習近平也是非常贊同的。因為令計劃那時具體負責十八大的很多安排，假如不把中央辦公廳主任的位置換成習自己的人，那麼十八大的所有決議，仍舊會依循胡錦濤的左派保守模式。所以習近平急需栗戰書提前上崗，為他布署十八大的具體安排。

習近平同意調離令計劃的第二原因是，令計劃的獨斷專行和攬權作風，也讓習非常反感。事後外界知曉，令計劃是個非常強硬的左派人物，和周永康很類似，而且令家貪腐也非常嚴重。

於是在 2012 年 9 月 1 日星期六下午五點半，新華社網站發布消息稱，令計劃兼任統戰部長，不再兼任中央辦公廳主任職務；杜青林不再兼任統戰部長職務；栗戰書任中央辦公廳主任。

這一日三大任命來得非常突然，按中共慣例，還有兩個月就開中共十八大了，要換人也要等到那時候，不過，習近平等不及了。

第三節

江派變卦 習消失 14 天

江派不答應 習近平消失 14 天

雖然胡錦濤在 2012 年 9 月 1 日就撤換了令計劃，但江澤民並沒有答應要嚴懲薄熙來、撤換周永康。於是，習近平就和江澤民對峙起來，也就是說，江習鬥從江胡鬥時期就開始了，雙方僵持著。

由於江派不答應，9 月 1 日下午習近平從黨校開完會後就不出家門，約了胡德平幾個好友一起打橋牌。9 月 5 日，原來安排習近平這名未來接班人會見來訪的美國國務卿希拉里，讓習在世界媒體面前更多地露面，習卻取消了原定行程，沒有露面；同時習還取消了和新加坡總理李顯龍以及俄羅斯代表團的會面。

那時，網路上已經傳說紛紛了，當時賀國強也消失了，長時間不見公開露面，各種說法都出現了。

　　路透社在 9 月 7 日突然採訪了胡耀邦的兒子胡德平，傳遞了習近平想要進行改革的信息。習近平在和胡德平會面時候宣稱：「不是薄熙來朋友」、「強調改革」。言外之意，哪些阻撓他改革所有勢力，他都不承認，這些大佬們不讓步，他就不接班。

　　等到了 9 月 10 日，習近平原定與丹麥女首相的會面，也不見習露面，於是，有關習近平遇刺身亡、被暗殺受傷等傳言就開始流行了，全世界都在找，習哪去了？

　　據消息來源稱，在公共視線中消失的這 14 天裡，習近平主要是和太子黨朋友們在一起。「習近平的神隱事件標誌著他不再屬於中國政壇的兩大陣營——江派或團派」。習近平在神隱中會見了 200 多名紅二代太子黨，他要進行改革的舉措獲得了這些支持者的鼎力支持，習近平嘗到了按自己方式出牌的甜頭，也為他日後敢於挑戰黨內大老虎，打下了強大的心理基礎。

習違背慣例 十八大前就在布署自己人馬

　　與往屆相比，習近平在十八大上任前就做了很多前任不能做的事，當然，很多是和胡錦濤結盟進行的。在十八大換屆前一個月，習大量更換軍隊和地方大員。比如在軍隊上，他提前更換了軍委成員，把范長龍、房峰輝增補為軍委副主席，這等於提前架空了徐才厚、郭伯雄的江派勢力，被視為向外界傳遞出非常強烈的信息，他不會做江澤民的附屬。

　　在地方，除了撤換令計劃外，習近平還在 2012 年 10 月更換了中宣部、中組部和公安部這三大要害部門。把中宣部從極左派的劉雲山手中奪過來，交給劉奇葆這個原四川省委書記。劉奇葆

在推倒薄熙來的過程中立下了「功勞」，避免了薄熙帶兵闖入美領館，鬧出「入侵美國領土」的外交風波。

習近平把中組部這個管理人事調動的實權部門，從胡錦濤的心腹助手李源潮的手裡接過來，傳給自己的心腹趙樂際，外界觀察這為十八大各級官員的安置中盡量多地安排習的人馬起到了關鍵作用，否則就會有很多團派或江派人馬占據要職。

在習近平「消失」那段時間裡，外界不知道江澤民是什麼時候同意習的要求要嚴懲薄熙來、辭掉周永康，也不知道這期間習近平與胡錦濤、江澤民做了怎樣的約定，不過，等到了9月15日，習近平露面了，外界也開始看到變化，十八大的日期定下來了，薄熙來案也開始加速處理。當時有消息稱，習近平上台將肅清文革餘毒、再次否定文革、逐步拋棄毛澤東和馬列思想……

9月19日，習近平好友、前香港特首董建華向外媒透露，習近平此前在游泳時「拉傷」背部，因而從公眾視野中消失兩周。另外，董建華還「隨意地透露」一個「常識」，習近平毫無疑問將成為中共下一任領導人。不過，這個看似常識的東西，在中共的權力鬥爭中卻來之不易。昔日的劉少奇、林彪，哪怕是寫入中共黨章的接班人，最後都變成了敵人，被「老前輩」格殺勿論了。

2012年9月28日，新華社發文說明了十八大召開的時間，文章罕見地不再採用官方一直沿用的說法，將「毛澤東思想」、「馬列主義」都排除在外。9月28日的政治局會議還祕密決定，十八大後，毛澤東屍體將在兩年內被運回韶山下葬，因為在韶山建靈堂需要約兩年時間。

不過，由於左派思想在中共高層依舊盛行，他們把保共產黨看得比保中國更重要，至今毛屍冰封未動，薄熙來、周永康、

徐才厚活摘法輪功學員器官等反人類罪行也仍然掩蓋著。有評論說，一個不敢正視現實的政權，遲早要出問題。

習近平坐鎮 栗戰書抓周永康

習近平上台後，第一件事就是反腐，這是王岐山和栗戰書特別支持的事。當王岐山拿下薄熙來、要審查周永康時，出面去抓周永康的就是栗戰書。

港媒報導了當時行動的細節。2013 年 12 月 1 日傍晚，中央辦公廳主任栗戰書帶領中央警衛局特別行動小組，前往周永康在中南海的住處，親自宣布政治局甫做的決定。

決定內容是對周永康和賈曉燁夫婦實施 24 小時嚴密監視起居；周永康在聽完栗戰書的宣布後，並無多少反應，而妻子賈曉燁「突然身體一歪，倒在周的腳下，隨後被人扶起」；為防止出現意外，周永康夫婦從吃飯到上廁所，都有人全程陪同。

報導稱，栗戰書率領的中央警衛局特別小組人員，一進入周永康住處後，就立即切斷周家與外界的聯繫，先羈押周永康祕書譚紅，隨後控制周的保鑣、司機與周家保母等人，當晚撤換掉周家所有工作人員。

栗戰書離開時帶走保鑣、保母等人員接受進一步調查，而中共總書記習近平等中央政治局七常委，當晚也一直待在會議室，直到栗戰書親自回報特別行動小組已順利完成任務後，才陸續離開會議室。

緊接著 12 月 3 日，官方人民網也重新刊登旗下《環球人物》雜誌探訪周永康祖墳和老家文章說，周的祖墳於 2009 年被挖，

迄今仍未偵破；新華網則轉載《新京報》先前報導稱，周在 1990 年代執掌中石油時，每頓餐宴至少 1 萬 7000 美元，且擁有多輛百萬豪華轎車。

習近平看中的三個人

第三章

習馬會 栗戰書通報

「習馬會」由北京方面主動提出，洽談數周成行。習近平的三大幕僚王滬寧、栗戰書及王毅為「習馬會」出力不少。2015年11月7日的習馬會，11月1日習近平就授權栗戰書代表中共黨、政、軍向省部級高官通報。突顯了栗戰書頭號幕僚的地位。

2015年11月7日「習馬會」得以召開，背後經歷了習江鬥的過程，最後習近平親自拍板，中辦主任栗戰書通報。（AFP）

第一節
栗戰書敏感時刻訪俄

栗戰書反常訪俄 或為傳遞機密信息

2015 年 3 月 19 日，俄羅斯總統普京在克里姆林宮會見了中共中央書記處書記、中辦主任栗戰書。栗戰書被視為習近平的「大內總管」。

習近平將於 5 月 9 日赴俄羅斯參加紀念二戰勝利 70 周年活動。按常規，中共外交部一手包辦打前站工作，由分管外交的國務委員或外交部長前往到訪國協商。今次安排一反常態，習近平派出最親近的幕僚，出乎外界的意料。

港媒《太陽報》分析稱，從過往歷史看，中辦主任是中共總書記的身邊近臣，幾乎寸步不離，歷任中辦主任雖然權力很大，但絕少單獨拋頭露面，更不用說獨自出任特使，這折射出栗戰書今次的亮相有其特殊意義。這次中辦主任栗戰書首次獨自公開亮

相國際舞台，從幕後走上台前，預示栗戰書仕途可能有新變化。

　　文章認為，習近平今次派出心腹親信栗戰書，而不是國務委員楊潔篪，很可能是藉機向普京表明中俄兩國關係非同一般，或者是向普京傳遞的訊息太過機密，只能由近身親信來完成。更重要的是，習近平讓栗戰書在國際舞台單獨亮相，可以讓栗贏得更高的國際曝光度和社會知名度，為下一步重用栗埋下伏筆。

　　栗戰書當時 65 歲，按照以往政治局常委「七上八下」的潛規則，栗戰書很有可能再晉升為政治局常委。

栗戰書是習近平最倚重的親信

　　栗戰書是習近平最信任的幕後智囊，擔任中共中央政治局委員、中央書記處書記、中央辦公廳主任和中央直屬機關工委書記，長期伴隨在習近平左右，媒體稱其為「大內總管」，被視為中共當今權力圈的重要人物之一。

　　栗戰書與習本人關係非同一般。上海觀察認為，派栗戰書外訪同時就帶有了習近平的影子，栗戰書在與普京會晤時，明確提到「習近平是我的好朋友」。

　　對習近平為何對栗戰書「情有獨鍾」，有分析稱，栗與習在執政、為人、性情等諸多方面的理念最為接近。

　　2012 年 7 月，栗戰書調任中央辦公廳任副主任，替換醜聞纏身的令計劃主持常務工作，9 月正式成為中共中央辦公廳主任。同年 11 月，栗在中共十八大一中全會上晉升為政治局委員，同時兼任中共中央書記處書記，深入中共政治核心圈子。從那之後，凡是習近平出訪的新聞，其中就一定會出現栗戰書的身影。

當時有輿論稱，栗戰書之所以能夠受到習近平的青睞入主中辦，一個很重要的原因是他對於各「山頭」都熟悉，可以幫助習近平從中周旋，平衡各方勢力。而且有足夠地方執政經驗的栗「絕對可靠」，能夠「壓得住場面」，其低調、務實的風格也很符合中辦主任這個位置以及習近平本人的要求。

栗戰書可能透露敏感話題

栗戰書和王岐山是習近平的左膀右臂。作為中紀委書記，王岐山沒有政府頭銜，只有黨職。和王岐山一樣，作為中央辦公廳主任，栗戰書也沒有政府頭銜，只有黨職。

栗戰書出訪俄羅斯，正值傳出王岐山將要訪美的消息之際。大公網署名木春山的分析文章說，中共兩名高級黨務官員出訪美俄大國，十分少見，可以顯露出習近平外交的新底色。

栗戰書出馬到俄國，為習近平 5 月訪俄、普京 9 月訪中做事先安排，上海觀察認為，很有可能的是，身兼中共國安委辦公室主任的栗戰書與普京或會討論到雙方戰略安全利益的重大話題。

第二節

江派阻撓
七次開會後栗戰書通報

　　2015 年 11 月 7 日在新加坡舉行的「習馬會」是 66 年以來，兩岸最高領導人的第一次會見，備受國際關注。有港媒報導稱，習馬會遭到中共內部不小阻力，尤其來自江派的阻撓，最後經七次會議後，由習近平拍板，後經中辦主任栗戰書通報。

　　習馬會前，中共中央政治局常委會曾先後召開多次會議。港媒《動向》雜誌報導，自 2015 年 8 月初在北戴河至 10 月 7 日，中央政治局常委會先後召開四次會議，中央政治局召開過三次會議作專題討論。

　　報導稱，從召開的七次中央高層會議看，內部遇到阻力不小。直至 10 月 7 日，中央政治局會議上才拍板決定「習馬會」。據報，江派常委張德江、劉雲山在通過「習馬會」的專題後作了補充聲明「個人持保留意見」。

　　港媒報導說，在「習馬會」決定前，有徵求中共退休政治局

常委、軍方退休將領的意見。胡錦濤回復意見：「完全支持、理解習近平和政治局的決定。」

栗戰書被習授權 通報透露三條底線

2015年11月1日晚「習馬會」在中共高層系統內被加密通報，會議僅20分鐘。習近平罕見授權中辦主任栗戰書，讓其代表中共中央、中共國務院以及中共中央軍委，向中共省部軍一級通報。中共國台辦主任張志軍作了習馬會具體安排通報。

會上栗戰書解釋說，習當局從中長期戰略上考慮如何更有利中華民族振興、祖國統一大業的實現，提出接受在習近平到新加坡國事訪問期間和台灣時任領導人馬英九會晤。

栗還宣布了三條對台的底線立場：

第一，振興中華，兩岸統一是主要目標和實質內涵，絕不會動搖、改變；

第二，兩岸關係持續政治對立、僵持是不正常，也不符合中華民族根本利益；

第三，重申對台立場和底線，如果台灣當局朝台獨方向發展或宣布台灣脫離中國領土地域，或外國政治勢力控制台灣，或外國軍事勢力進入台灣，就是戰爭爆發日。

港媒評論說，仔細剖析「習馬會」這個突如其來的消息可以發現，事實上大陸對台政策已經有了重大調整，即大陸方面事實上已經給予了台灣對等的政治實體地位，這等於「暗含承認台灣現有政權是一個合法政權的意味。」

第三節
揭祕習馬會內幕

2015 年 11 月 7 日，新加坡香格里拉飯店擠滿了來自全世界的媒體從業人員。據說報名的記者有 620 多人，但只批准了 400人。許多見證「習馬會」的記者，事後興奮地在微博或臉書上寫下：「我在現場，我見證了這萬眾矚目的歷史片刻。」

「歷史將會記住今天」的世紀握手

記者們早早等候在飯店，這是自 1949 年以來，經歷 66 年風風雨雨之後，兩岸最高領導人的第一次會見，可謂「化冰之舉」。下午三點，滿臉笑容的習近平與馬英九一起走進會議室，兩人都穿著出席國際會議的西裝，而不是人們猜測的中山裝或漢服，身材寬厚的習近平帶的是紅色領帶，馬英九帶的是藍色領帶，這與其各自政黨的標誌顏色相同。

　　兩人緊緊地握手，時間長達兩分鐘。期間不時有媒體人喊：「請揮手！」就見習馬二人真的按照記者要求，面對鏡頭揮手致意，有人喊，「總統，請看這邊！」兩人就轉向這邊，一會有人喊，「主席，請轉過來。」兩人就這樣面帶笑容地配合。

　　很多人注意到，那天馬英九的笑容特別燦爛，是那種發自心底的歡笑。有媒體稱，兩人握手是「世紀握手」，習近平稱「歷史將會記住今天」，馬英九則說，「在我們手上是永續和平的成果」。

　　隨後是兩人各自五分鐘的致辭。習近平首先發表發言，他以「馬先生」稱呼馬英九，並說：「曾幾何時，台海陰雲密布，兩岸軍事對峙，同胞隔海相望，親人音訊斷絕，給無數家庭留下了刻骨銘心的傷痛，甚至是無法彌補的遺憾。」但「沒有任何力量能把我們分開，因為我們是打斷骨頭連著筋的同胞兄弟，是血濃於水的一家人。」

　　對於為何舉辦習馬會，習在發言中說：「當前兩岸關係發展面臨方向和道路的抉擇，我們今天坐在一起，是為了讓歷史悲劇不再重演，讓兩岸關係和平發展成果不得而復失。」

　　馬英九的發言要長些。他表示，兩岸從對抗轉向和平合作，「絕非朝夕之功」，致詞時他提出五點主張：第一，鞏固「九二共識」，維持兩岸現狀；第二，降低敵對狀態，和平處理爭端；第三，擴大兩岸交流，增長互惠雙贏；第四，設置兩岸熱線，處理緊急事務；第五，兩岸共同合作，致力振興中華。馬英九強調這五點主張不是為了「一己之私」，「而是為了後代的幸福」。

習馬會有趣的花絮

公開會面之後，是七對七的一小時閉門會議。跟隨習近平的是中共中央辦公廳主任栗戰書、副主任丁薛祥、國務委員楊潔篪、中共中央政策研究室主任王滬寧、國務院台灣事務辦公室主任張志軍，以及副主任陳元豐；陪同馬英九的是總統府祕書長曾永權、國安會祕書長高華柱、總統府副祕書長蕭旭岑、陸委會主委夏立言、國安會諮詢委員邱坤玄與陸委會副主委吳美紅。

會後雙方在同一地點召開了各自半小時的記者會，陸方在前，由國台辦主任張志軍召開；台方在後，由馬英九親自召開。馬英九回答了關於大陸對台灣的飛彈布署、增設兩岸熱線、專升本（二年制學士班）的大陸學生到台灣讀書、台灣的國際參與等問題，並稱會談氣氛很融洽。

下午 5 時 30 分，兩岸領導人共進晚宴，晚宴的菜單是：涼菜為金箔片皮豬、風味醬爆鮑片脆瓜，熱菜為湘式青蒜爆龍蝦、竹葉東星斑 XO 糯米飯、杭式東坡肉和百合炒蘆筍，主食是四川擔擔麵，甜品則是桂花糖雪蛤湯圓、水果拼盤。美食行家評論說，習馬會選擇的是雙方都能接受的菜式和口味，有湘菜、有浙菜、有廣式菜品，也有東南亞風味，而主食擔擔麵更是考慮了北方人愛吃麵食和湖南人愛吃辣的「雙重需求」。

晚宴上，馬英九帶去了 1990 年 9 月 27 日金門酒廠生產的 58 度特級金門高粱酒兩瓶、和他最喜歡的馬祖老酒八罈。1990 年 9 月兩岸紅十字組織在金門簽署協議，當時台灣國安會祕書長高華柱在金門擔任 127 師師長，因覺得很有意義，就買了金門高粱酒作為紀念，之後擔任副司令，這些高粱酒就一直珍藏著。習近平

則自備了貴州茅台酒，作為晚宴上的飲用酒。

此次晚宴的費用為「AA 制」，由雙方各自分攤，菜單也都是簡體和正體漢字兩種標示。晚上 7 時 20 分，晚宴結束，媒體特別報導說，馬英九出來時「紅光滿面」，隨後習馬二人分別前往樟宜機場搭機返回北京和台北，告別時，習近平還說「後會有期」。

習近平拍板習馬會

習馬會是如何決定的呢？據台媒披露，「習馬會」由北京方面主動提出，洽談數周成行。並稱，習近平的三大幕僚王滬寧、栗戰書及王毅為「習馬會」出力不少。

據新加坡《聯合早報》2015 年 11 月 7 日報導，10 月 14 日，大陸國台辦主任張志軍和台灣陸委會主任夏立言在廣州會面時，雙方就已討論了「習馬會」在「協力廠商」舉行的可能性。有關各方經過密切溝通後，就「習馬會」的時間和地點基本達成共識。台灣《中國時報》報導說，習馬會是由習近平親自拍板決定的。習近平責成栗戰書透過現任國台辦主任張志軍在廣州的「夏張會」上將消息拋出。前國台辦主任、現任外長王毅透過運作促成了此次的「習馬會」。

台灣行政院大陸委員會前副主任委員林中斌也表示，「習馬會」這個決定是由習近平本人拍板定的。與大陸前任領導人相比，「習近平更鎮得住內部，所以習近平不會顧慮到內部的反彈。」也有媒體透露，習近平在五中全會（2015 年 10 月 26 至 29 日）上向與會幾百名中共高層，以及退休元老「通報」了舉行「習馬

會」的消息，並得到普遍肯定和支持。這顯示，習近平早就暗中在籌劃「習馬會」。

對於以往未能舉行的兩岸領導人會面，港媒披露說，過去馬英九強調見面必須以「中華民國總統」的身分，而大陸方面則一貫堅持見面的前提是「一個中國」的大原則，任何可能導致「中華民國」被承認的安排，包括對馬英九的稱謂等等，都將不被接受。在這些限制下，「習馬會」唯一的可能性是雙方以政黨首腦的身分見面，但 2014 年底馬英九已辭去國民黨主席職務，於是，很多人認為習馬會再也不可能發生了。

習變相承認了中華民國

回頭看這次的習馬會，馬英九當時唯一的「領導人」身分即是中華民國的總統，換句話說，馬英九是以中華民國總統的身分出席此次會面。這也意味著大陸在事實上承認了這個稱謂，當然也包括這個稱謂所代表的合法政權，只是官方文告中沒有進行明確具體的表述而已。

據中南海消息人士透露，中共政治局曾就此專門開會研究，最終還是由習近平拍板決定：民族大義和領土統一為大，稱謂問題為小節。於是在會談中，哪怕馬英九多次提到敏感詞彙時，習近平都很坦然。

據台灣《聯合晚報》報導，習馬會的晚宴上氣氛融洽，席間馬英九「暢所欲言」，談及他曾當法務部長、大陸對兩岸共同打擊犯罪的支持、慰安婦問題、台日漁業協定以及他上任總統後的對日策略，馬英九多次提及「總統」、「國父」，習近平都無異議。

在談及對日抗戰歷史時，馬英九提及總統府曾被轟炸，連地道都被炸毀，習近平好奇追問：「你們的總統府，就是日本時候的總督府嗎？」習近平還對馬英九提及的很多戰場、戰役及相關人名都能立刻回應，對馬英九的抗戰史觀也無異議。

時政評論員冉沙洲認為，這些或許可以體現出習近平在兩岸問題上，有著與以往中共領導人完全不同的立場和態度；實際上表明習近平承認中華民國。這應該是「習馬會」的一個基點。習近平會見馬英九時所體現出的平等、友善及尊重中華民國的態度，絕不只是外交禮儀上的需要，應該也是習近平拍板「習馬會」的終極目的。或許習近平已經意識到，承認中華民國，回歸中華民國，才能從根本上解決台灣與大陸的統一問題，才能真正實現中華民族的復興。

馬英九公布會談全文

馬英九從新加坡回到台灣後，一些人前來抗議，稱馬英九討好中共，矮化了台灣，出賣了台灣的利益，於是2015年11月9日，台灣陸委會主委夏立言在立法院全文公布了馬英九在閉門會談時的發言，強調馬並未出賣台灣利益，不僅談到「九二共識」時明確了「一中各表」，而且提到了中華民國憲法。

馬英九在談到「九二共識」是實現兩岸永續和平與繁榮的關鍵基礎時說：「1992年8月1日，國家統一委員會全體委員會議通過關於『一個中國』的涵義的決議，內容是海峽兩岸均堅持『一個中國』原則，但雙方所賦予的涵義有所不同。」這就是「一中各表」。

　　夏立言還提到馬英九技巧性的講到了中華民國憲法。馬英九當時說：「我方表示內容完全不涉及『兩個中國』、『一中一台』、與『台灣獨立』，因為這是中華民國憲法所不容許的；這樣的定位非常明確，也獲得台灣多數民意的共識。」專家評論說，沒想到馬總統還加碼說出「中華民國憲法」，著實令人感到意外。

劉雲山給習近平「穿小鞋」

　　習馬會，不但馬英九在台灣遭遇很多反對，習近平在大陸也多次遭到暗算。

　　據海外媒體報導，2015 年 11 月 7 日當天，習近平得知央視未現場直播演講實況，「有所不快」，隨即讓栗戰書致電劉雲山，責成央視現場直播習馬會。

　　哪怕有這麼明確的指示了，劉雲山還是動了手腳。7 日當晚，人們看到央視《新聞聯播》中習馬會的新聞竟然沒有出現在頭條，而是放在了 20 多分鐘以後第四條，頭條播的是老生常談式樣的習近平對新加坡的國事訪問。

　　北京觀察人士認為，雖然中國最高領導人進行外事活動發生時間上早於習馬會，但這顯然難以與習馬會面的重要性相比較。對於新聞報導順序頗有政治玩味的《新聞聯播》來說，將習馬會放在這麼靠後的時段播出，顯然無法突出此次會面的重要程度，而大陸公眾自然也難以領會這次「歷史性會面」所傳達的信息價值。

　　除此之外，劉雲山控制的央視在直播中，還切掉了馬英九致詞畫面。習馬會開始兩人致辭，輪到馬英九致詞時，央視切斷直

播畫面，進入專家解說，僅在背景的小畫面中顯示馬英九讀稿的直播鏡頭，沒有直播馬英九的談話，更無聲音，人們無法從央視直播中得知馬英九說了什麼。

對此大陸觀眾直呼央視「無恥」。有大陸網友所調侃說：「歷史性的一刻，在我們這邊被報導成了半刻。」雖然在馬英九發言完後，後來「發現沒什麼問題」的央視又對馬的講話進行了播放，但在網上還是早已引來罵聲一片。大陸網民批評這種小動作是將「大國風度輾成了渣」，也有人說「央視搞這一齣，本來挺好的事，現在都在罵！」

有台灣媒體人對美國之音表示，這次歷史性會面，雙方秉持對等尊嚴，對於馬英九極為重要，央視這種沒有實際意義的做法，無助於馬英九回台灣向社會交代和推銷這次習馬會的意義，也讓台灣社會再次看到一直有所擔心的被矮化和不平等對待。

這樣的小動作，央視在「習馬會」之前已經做過一次了。11月5日，馬英九在總統府就「習馬會」舉行記者會，央視在當日午間「新聞30分」中播報了該新聞，並罕見地播放了馬英九兩段講話原音。但隨後人們發現，央視在播報馬英九上述新聞時，馬英九西裝外套領子上別的「青天白日滿地紅旗」徽章被打馬賽克遮住，馬英九背後的青天白日旗，還有講台上的梅花國徽也被「馬賽克」了。

劉雲山是江澤民集團對抗習近平陣營的前台人，劉掌控的意識形態經常跟習近平唱反調。據中南海知情者稱：「習近平對劉雲山早有看法」，而劉雲山的靠山是江澤民。《爭鳴》雜誌2015年4月號報導闡述了其被中共前黨魁江澤民看中「帶病晉升」的原因。江澤民在2002年中共十六大前夕提拔劉雲山時對其的評

價是：「雖然在理論上排不上號，但對中央精神吃得很透，跟得很緊，不會出軌。」

習馬會主要原因：避免台獨

為何習近平要在這個時候主動與馬英九會面呢？為何馬英九滿心歡喜地答應呢？這是雙方各自面對的國際國內形勢所促成的。

《新紀元》專家們分析說，先來看馬英九為何笑得最開心。下一屆台灣總統選舉，馬英九的國民黨丟失政權，蔡英文的民進黨上台後，可能也會像陳水扁那樣，並不是真的想台灣獨立，那只是拉選票時的口號，兩岸關係還會維持現狀，但是，由於江澤民派系在美國國務院、台灣各階層都安插了很多特務和代理，這些人會給台灣添亂，會在各自複雜因素的促使下，真的出現獨立趨勢。

在馬英九和習近平的眼裡，台灣鬧獨立，就對不起列祖列宗，對不起中華民族，兩岸就會有場戰爭。故而習近平和馬英九在致辭中都強調，習馬會是為了中華民族的「永續和平與繁榮」，不是「為了一己之私，而是為了萬代子孫的幸福」。

習馬會的破冰見面，特別是兩岸領導人之間的熱線電話開通，也給後面的人無形中定了一個規矩：今後的台灣總統都得來和大陸領導人見面，習近平想用這樣的方式來「反獨促統」，人們預計蔡英文到時候也會安排習蔡會。

在國際事務方面，由於中共的反對，台灣在聯合國被矮化，很多國際組織都不敢接納台灣，台灣的對外經濟、文化、貿易等

活動都受到限制。假如兩岸關係能走向合作而不是對抗，對台灣來說，對整個中華民族來說，都是件大好事，同時對馬英九個人來說也是大好事。

據台媒風傳媒早前披露，2014 年 11 月 29 日台灣「九合一」選舉，國民黨慘敗。習近平當晚在內部會議上點名前國台辦主任陳雲林，指他從 1997 年到 2008 年當了 11 年的國台辦主任，過去的方法、方向、策略完全錯誤，導致對台工作成效不良。

習近平上台後試圖扭轉對台工作狀態，這次「習馬會」就被認為是重大突破。專研兩岸問題的澳洲蒙納士大學亞洲語言及研究中心教授家博（Bruce Jacobs）表示，習近平同意見馬英九的原因之一是習認為中共的台灣政策失敗，如果能有改變也許會對他有利。

《世界日報》評論說：習近平主動退讓，使兩岸關係質變大轉折。

江派不斷在國際挑事來阻止習

再來看習近平，他是在什麼處境下，才想出習馬會這步妙棋高招。

對於中共江澤民派系的貪腐既得利益者不惜搞政變、搞暗殺，習、江雙方展開的生死博弈，《新紀元》周刊文章以及「中國大變動」系列叢書中已經做了詳細報導，比如 No24 的《習江三次生死交鋒》、No29 的《習近平南京宣戰江澤民》、No34 的《逮捕江澤民》等都有深入陳述，在此不多說。劉雲山不斷扣押、刪除、曲解習近平的講話報導，央視不全程直播習馬會，就是其中

一個例子。

關鍵是國際局勢。曾慶紅的歹毒就在於，他不但在國內生事、與習近平對抗，更派特務在日本、菲律賓、馬來西亞、越南、台灣、美國滋事，利用外交來迫使習屈服。

比如 2012 年 4 月，胡溫政府拿下了前重慶市委書記薄熙來，江派報復，就讓其國防部長梁光烈暗中在菲律賓鬧事，致使中菲兩國在爭議海域對峙，差點釀成戰爭。胡溫準備接下來拿下中共前政法委書記周永康，為了保周，前中共國家副主席曾慶紅一面利用日本特務，製造日本政府購買釣魚島的惡行事件來刺激中國人，同時在 8 月和 9 月 18 日，搞出了大陸 100 個城市的反日大遊行。遊行中不僅出現了「打、砸、搶」，還出現毛澤東畫像以及文革似的標語，為薄熙來平反的口號也不約而同的出現。江派就想把國內外局面搞得一團糟，這樣江澤民就會跳出來提議：延期一年召開十八大，以便給周永康退休前一個翻盤機會。

對於習近平來說，他最想進行的是國內的改革，最需要的是平靜寬鬆的國際環境，但江派為了阻止習反腐，就不斷在國際社會挑起事端，讓習很被動、很尷尬。

比如 2013 年 11 月，中共前軍委副主席徐才厚、郭伯雄控制的軍隊宣布在東海設立防空識別區，逼得習近平同意，引發國際社會強烈譴責，以至於美國副總統拜登上門來指責。江派的目的是讓美國、日本都來找習近平算帳。哪知習近平與拜登長談了很久，拜登最後說，「習近平正處於事業起步艱難時期，不想給他添麻煩」。2015 年 4 月，習近平還主動與安倍會見握手，改變了中日之間的僵持冰冷的局面。

歷來，江派為達到政治目的，不擇手段。江澤民本人就出賣

了相當於 40 個台灣的領土給俄羅斯。由於非法鎮壓法輪功欠下了無法抵償的血債，江澤民拚命想逃脫後來人對其的清算，於是暗中死命抵制習近平。特別是江澤民一直利用徐才厚、郭伯雄掌控中共軍隊，並利用軍隊鷹派的種種挑釁，把習近平逼到孤立尷尬的地步。

習會拋棄共產黨 走三民主義嗎？

習馬會還有個重要原因就是南海爭端。在美國介入南海爭端之後，中國與越南、菲律賓、馬來西亞、印尼、汶萊、台灣這七方發生了爭端，除了台灣和中國大陸觀點一致外，其他國家都反對大陸的認定。於是孤立的習近平非常需要和台灣結成聯盟。

在習馬會的前兩天，11 月 5 日，習近平和妻子彭麗媛還對越南進行了國事訪問。很明顯，習近平這一連串的出訪都與南海主權有關。從維護中華民族權益的角度來看，習至少不是像周恩來、江澤民那樣的賣國賊，而馬英九則在年輕時候就是保釣運動的積極參與者。

在大陸處於拋棄中共的大變革時刻，假如習近平能帶領中國回歸到中華民國，那不但徹底解決了統一問題，而且把大陸民眾從中共的魔掌中帶出來，那才是真正值得慶祝的事。

2015 年 11 月 9 日，就在習近平返回北京的第三天，大陸官方在宣布高調紀念孫中山誕生 150 周年的同時，還宣布南京孫中山紀念館將擴容 10 倍，由現在的 300 多平米擴大為 3900 平米以上，展品也將相應增加。

中國問題專家、美國哥倫比亞大學政治學博士李天笑認為，

習近平對孫中山的定位是「民族英雄、愛國主義者、中國民主革命的偉大先驅」，顯然是以「中華民族」這一意識為核心的，與中共歷次拉攏人心的行為不同。他說，「（習）現在是要把孫中山對中華民族的貢獻作為將來建立中華民族重新復興的這麼一種東西在紀念。這個意義就不同了。」

李天笑還提到，這一紀念基調與習在習馬會上呼籲台灣與大陸「共用復興中華這一榮耀」是一脈相承的，可以看出，習近平是把自己與曾在中國轉型過程中起到推動作用的孫中山來做比較：「習近平今天做的事情，他的重要性，以及他在歷史上的定位、意義，通過對孫中山的紀念來突顯出來，就是說他不亞於當時孫中山的貢獻、他的地位。我覺得他有這樣一個意思在裡面。」

時事評論員夏小強也表示，習近平不同於其他中共領導人，「習馬會告訴世界，習近平正在突破中共的框架走自己的路，顯而易見，這條路與中共走的死路完全不同。」

第四章

栗戰書將取代劉雲山

習近平的「大內總管」、中辦主任栗戰書，已多次介入中共的文宣、黨建系統，而分管這兩塊的江派常委劉雲山，已變得可有可無，明顯被「廢」。外界普遍認為，栗戰書將在 2017 年中共十九大上接替劉雲山的職務，掌管文宣系統及黨建工作。

栗戰書多次介入中共文宣、黨建工作，接管劉雲山（圖）職務的徵兆明顯。（Getty Images）

第一節

習近平最親近的人

有媒體稱，習近平有五個核心集團成員，他們分別是栗戰書、王岐山、劉鶴、王滬寧及劉源（由左而右）。（新紀元合成圖）

美媒曝光習近平最親近的五人

2015 年 9 月 22 日習近平訪美，歷來隱祕的中南海高層政治再次被西方媒體聚焦。有媒體曝光，該次習訪美，除了妻子彭麗媛同行，女兒習明澤也全程同行。據說習明澤隱身在翻譯團隊中，為習出謀劃策。

9 月 28 日《紐約時報》中文網刊文〈習近平的核心集團〉，曝光習近平信任的最核心人員是王岐山、劉鶴、栗戰書、劉源和王滬寧。

王岐山

報導引述內幕人士稱，習近平只信任極少數人，最明顯的一個是七常委之一、中紀委書記王岐山。習近平的反腐運動就是由他主持的。他們幾乎每周都要見面商量反腐的進展局勢。

　　王岐山在一年多前曾公開提到美劇《紙牌屋》，據知情人透露，王岐山非常重視劇中「黨鞭」這一政治角色。有意思的是，習近平是次訪美的唯一一次政策演說中也提到了《紙牌屋》。

栗戰書

　　與習近平關係最近的人，應是中共中央辦公廳主任栗戰書。兩人關係早有淵源，1983 年到 1985 年間，栗戰書在河北省無極縣任縣委書記時，旁邊正定縣的縣委書記就是習近平。

　　據說習近平與栗戰書早年就「意氣相投」，「經常一起喝酒」。兩人都是太子黨出身。栗戰書在地方逐步升遷，到 2012年 10 月接替因醜聞下台的令計劃任中辦主任，11 月，栗戰書進入中共政治局。

　　栗戰書主要負責處理習近平的各種私人事務。比如該次習明澤跟隨父親訪美，習近平很是猶豫，最後是栗戰書拍板決定的，並採取了極為嚴密的防範和保密措施。

　　該次習近平訪美中，栗戰書的角色也越來越「吃重」。在美國人的概念中，栗戰書被視為「相當於幕僚長」。

劉鶴

　　另一個深受習看重的，是習的首席經濟顧問、中共中央財經領導小組辦公室主任劉鶴。習曾公開表示：經濟問題習離不開劉鶴，「他對我很重要」。據稱中國經濟問題，在李克強之後，習近平是最後的拍板人，而習可以向劉鶴諮詢意見。

　　現年 63 歲的劉鶴是中央財經領導小組辦公室主任，中財辦需起草經濟政策文件，並為習近平及中央政治局常委提供建議。

王滬寧

　　習近平出訪時，每次都會帶一個人，那就是王滬寧。開會列

坐時，習在中央，一般一側坐著栗戰書，而另一側就是王滬寧，這兩人相當於習的「左膀右臂」。

學者出身的王滬寧，曾長期研究美國問題，1988 年王滬寧曾在美國旅行長達半年，寫下 400 頁的回憶錄。王目前擔任中共中央政治局委員，中央政策研究室主任，中央全面深化改革領導小組祕書長、兼辦公室主任。深改小組是習近平最看重的，負責策劃實行十八大三中全會上提出的全面深化改革政策方針的最高決策領導機構，習任組長。

作為中南海的政策顧問，王滬寧歷仕江、胡、習三任，是所謂「中共理論家」，在為習近平效力不久，傳出王滬寧與江澤民切割舉動，公開貶低江的「三個代表」。

劉源

在習的核心圈中，習近平還會聽取「太子黨」成員的非正式意見，其中之一的是劉少奇之子劉源，他在習近平推動軍隊反腐中扮演重要角色。

《新紀元》曾報導過，在反腐方面，王岐山和劉源是習反腐的「哼哈二將」，一個管地方官員，一個管軍隊官員。

2015 年中共「兩會」期間，劉源首次公開，抓徐才厚和谷俊山，是習近平決定督辦的，而自己「起了點小作用」。6 月，劉源在《求是》上撰文，狠批周永康、徐才厚、令計劃、蘇榮等案件怵目驚心，腐敗病毒滲透到中共中央高層。9 月初，習近平在「九三」閱兵時宣布裁軍 30 萬，劉源之後接受《財新》專訪稱，這次裁軍的意義，不亞於鄧小平 1985 年宣布裁軍百萬。

華盛頓國際戰略研究中心研究員、曾任中情局中國問題分析師的約翰遜曾指出，劉源對美國意見很大，而且這些意見並

不友好。

　　除了這上述五人，海外的南華早報，綜合北京的《新京報》「政事兒」微信公號，以及《紐約時報》等報導，講習近平的身邊最重要的人擴張到九人，除了王滬寧、栗戰書、王岐山、劉鶴、劉源外，還包括蔡奇、秦剛、孫寧、以及不知名的「主席警衛」。後面這四人，雖然與習近平接觸的時間不少，但彼此的關係就遠遠不如前面五人，最多只是上下級的關係。

蔡奇

　　既與習近平有舊識，目前又參與中共重要政策制定的人中，不得不提到蔡奇。

　　公開資料顯示，蔡奇是福建尤溪人，曾在福建和浙江兩地長期任職，與習近平有著 20 年的上下屬關係。據說早在 90 年代初，蔡奇曾任福建省政治改革辦公室副主任，當時他得到了習的賞識。後來蔡奇跟隨習近平來到浙江，擔任過杭州市長、浙江省副省長，隨後被提拔為正部級的中共中央國家安全委員會辦公室專職副主任。

秦剛

　　在習近平的身邊，尤其是出訪前，除了上述的重要決策人物，還有很多必備的保障性人員，包括外交、翻譯、保衛。其中，外交部禮賓司司長秦剛就負責外交保障任務。

　　此次秦剛和外交部長王毅陪同習近平訪問美國，在公開的電視片段中，幾次看到秦剛就在習近平的身邊。

孫寧

　　習近平的首席翻譯，則是「80 後」的孫寧。

　　這次訪美過程中，習近平與奧巴馬步行從白宮西翼走去吃私

人晚宴的路上，孫寧就跟在習近平身後。

2014 年 11 月，APEC 北京峰會期間，習近平與奧巴馬「瀛台夜話」過程中，同樣的場景也出現過。

而在 2013 年，李克強任國務院總理後的首場記者會上，孫寧也是現場翻譯。五天之後，他陪同習近平訪問俄羅斯。

匿名警衛

經常出現在習近平身邊，還有個最神祕的「主席警衛」，他基本上與習近平形影不離。

據「政事兒」整理，這名警衛沒有任何公開簡歷或頭銜，有時穿軍裝，有時穿便裝，由於要與習近平保持很近的距離，他在外事活動中「出鏡率」很高。

這位警衛直接負責習近平的生命安全，據說，江派多次派人暗殺習近平，但多次被習的警衛部隊化解了。由此可見，這個位置對習的重要性。

「奉命歸國」的是習明澤嗎？

前面提到習近平夫婦訪美，帶去了寶貝女兒習明澤。很多人都很好奇習明澤到底長得怎樣，水準如何，這是個熱門話題。

2015 年 3 月，美國哈佛大學名譽教授證實習近平的女兒習明澤回國。有海外中文媒體爆習明澤回國後做了習近平的特別幕僚，把習近平的工作照通過微博公號「學習小組」等發布出去。此消息間接證實了習近平利用新媒體形式搶奪話語權，架空劉雲山。

2015 年 4 月 6 日，「奉命歸國微博」發表帖文：「反腐關鍵

時，反腐敗工作必須要做到皇子犯法與庶民同罪，打虎絕對無禁區……」4月8日，又發帖說：「習近平反腐遇到阻力了嗎？我感覺得到阻力很大，這種阻力破解的難度超越想像，只要有國人的支持，對貪腐者不論他職務有多高，資格有多老都應該立即執行，不然小病拖大病最終無藥可治。」

當時習近平面臨什麼阻力呢？周永康4月3日被提起公訴，而中共原衛生部副部長黃潔夫3月15日在接受香港鳳凰衛視採訪時，已把活摘法輪功學員器官的罪行歸結到周永康身上，似為以反人類罪行審判周永康進行輿論試水。這場全人類最血腥最隱祕的罪行要被曝光於世，為了穩妥，習近平讓栗戰書訪問俄羅斯、王岐山訪問美國，以爭取大國的支持。哪知江澤民曾慶紅狗急跳牆，下令郭文貴惡言攻擊王岐山的密友、財新網主編胡舒立，由於背後牽扯太多因素，江派的反撲逼得習近平暫時收兵，6月10日，在改為祕密審判後，周永康被以受賄罪、濫用職權罪、故意洩露國家祕密罪，判處無期徒刑、剝奪政治權利終身、沒收財產。

2015年9月底習近平訪美歸來後，習已經得到美國的支持，於是開始大幅改革官僚體制和國有企業。「奉命歸國」在9月30日的帖文稱，「反腐動真格不要怕無能人用，目前政府可以精減50～60％機構和人員。」不難看出，這是在亮出習近平、王岐山官場大清洗的底牌：恐有一半不合格的官員將被淘汰。10月，習政權提出了幹部的「能上能下」考核制度。

11月5日，《新紀元》周刊發表了封面故事〈習近平試水解體黨組織〉，報導了《北京青年報》在報導習近平訪問英國的圖片新聞上，用粗黑醒目的大標題稱〈多數黨員嚴重違紀的黨組織應解散〉，加上習近平的內部講話：共青團組織「高位截癱」，

這種暗示非常明顯。

11 月 5 日同一天的凌晨，「奉命歸國微博」發帖稱：「政治決不允許你心存婦人之仁，在『人治向法制』過度時期請將善良先藏起來，善良一旦被邪惡力量所利用就後悔末及。最後一擊必須強有力讓『出來混總是要還的』成為不變定律。」不久人們就看到上海、北京的首虎（上海市委常委、副市長艾寶俊與北京市委副書記呂錫文）落馬。

11 月 12 日下午 2 時 30 分，「奉命歸國微博」以「中國政府網」的名義，發出一條微博消息說：「隨著北京 11 月 11 日出現『首虎』，至此，中國全國 31 個省市區過去三年來都有省部級官員因為貪腐問題被查。也就是意味著反腐進入第二階段。第一階段反腐雖然有驚無險，但不意味著第二階段就會輕鬆，接下來反腐面臨的問題是他們已有準備了。」

對這句話裡的「他們」，人們有兩種解讀：一是指打虎的習陣營，二是指被打的江派。無論「他們」是誰，都反應了一種趨勢：那就是習近平打虎沒有退路，只能是繼續向前。

宣布打虎進入第二階段

於是第二天 11 月 13 日，人們看到更多老虎被打，習當局接連拋出好幾個「老虎」——中國證券監督管理委員會副主席姚剛；同日軍隊又有兩隻「老虎」被拋：第二炮兵工程大學原副政委吳瑞忠、武警交通指揮部原副司令員瞿木田；廣東省茂名市委副書記廖峰、天津市公安局警務保障部原主任邵元和、天津市公安交通管理局原黨委書記徐國群均被逮捕。

對此，大陸網友「路人漂客」回應稱：先打外圍，然後中心。「第二階段是直面虎王了」。還有民眾表示：神州反腐全面大幕開啟，虎王正在走向台前，中國反腐「好戲連台！支持習近平、李克強、王岐山反腐聯盟！」

「奉命歸國微博」帳號信息欄目顯示，畢業於「外國語學校」，任職公司「保密」、簡介中列習近平「四個全面」的施政口號。此前有網民跟帖稱，「其實『奉命歸國』的思維是務實清醒的，從我接觸的紅二紅三中，實屬難得」，暗示博主「紅二代」或「紅三代」的身分。

中國問題專家楊光對《看中國》分析表示，這個帳號的名字「奉命歸國」就透露了些許玄機，這樣了解習近平反腐打虎思維的，唯有他至親之人，因此由此推算，此人可能就是從美國留學奉命歸國的習明澤。

她是習明澤嗎？

對於習近平最疼愛的女兒習明澤，人們一直在探尋這位「千金公主」長得咋樣，網路上一度傳出不少照片，但由於習明澤太低調，人們都沒有找到答案，直到 2015 年 10 月 20 日，習近平夫婦對英國進行國事訪問。在中共央視的新聞片段中，英國女王為習近平舉行歡迎儀式後，一行人搭馬車抵達白金漢宮。落車時，鏡頭出現一名身穿深藍色長裙、頭戴同色小禮帽的女子，站在習近平身後，當鏡頭拍攝到她時，她立即躲到習的後面。在進入白金漢宮時，她則等到彭麗媛進入後才跟入。

人們分析此女子應該是習近平的女兒習明澤。因為按照西方

禮節，在那種場合，只有習近平的女兒才有資格佩戴禮帽，翻譯與保鏢都不行的。習近平訪美時，就有消息稱，習明澤名列隨團翻譯名單，參與形象包裝策劃。對比此前官方公布的習明澤小時候和青少年時期的照片，其圓臉型和小眼睛都與這位年輕女子相似，由此判斷她就是習明澤，猜對的概率至少在 90％。

對於習近平最疼愛的女兒習明澤，人們一直在探尋這位「千金公主」長得咋樣。圖為習近平與父親習仲勛、妻子彭麗媛和女兒習明澤小時候。（網路圖片）

2015 年 10 月 20 日，習近平夫婦訪英期間，一名身穿深藍色長裙、頭戴小禮帽的圓臉女子（左一），外界猜測其為習近平最疼愛的女兒。（AFP）

第二節

栗戰書「越位」談能上能下

栗戰書「越位」談能上能下的內幕

有「中南海總管」之稱的中央辦公廳主任栗戰書，繼 2015 年 11 月 5 日談論四種中共官員處理辦法之後，11 月 18 日又就中共官員隊伍建設發表長文，強調要把不合格的人拿下來。這些本應由中央黨校校長或中央組織部長發表的言論，栗戰書卻「越位」發表了。外界評論，這一方面顯示栗戰書的職位會有大的變動，同時，那「四種中共官員」的標準，條條都是針對江派三常委：劉雲山、張高麗與張德江，都令這三人心驚。

栗戰書高調發文　嚴肅處理四種人

2015 年 11 月 18 日，《人民日報》全文刊載栗戰書關於中共

如何實現「十三五」目標的黨建文章。關於如何對待中共官員的「上下」問題，文中提到中共十八大以來修訂的《幹部選拔任用條例》和《能上能下規定》。

文中寫道，《選拔任用條例》重點解決幹部「能上」問題；《能上能下規定》重點解決幹部「能下」問題。栗戰書強調推進幹部「能上能下」，重點和難點是解決「能下」的問題。

此前的 11 月 5 日，《十三個五年規劃輔導讀本》發行時，栗戰書就撰文稱四種官員將被處理：一是身居領導崗位，但缺乏強烈的事業心、責任心，碌碌無為，貽誤工作的；二是遇到困難和問題，推諉扯皮，敷衍塞責，缺乏擔當的；三是雖沒有嚴重違法「違紀」，但能力和素質很不適應崗位要求的；四是目無法紀，濫用權力，以權謀私的。

港媒《東方日報》報導稱，在中共官場分工明確的體系中，栗戰書突然超越中辦系統大談官員人事問題，相當不尋常，顯然得到高層的授意。

五中全會前，栗戰書被傳將調往上海或天津擔任市委書記。報導認為栗任中辦主任的這三年中，清理令計劃勢力，起了一定的作用。

也有港媒認為，栗戰書今次跨越雷池，可能是通過增加其曝光率來哄抬其人氣，為他擔任中央組織部長或調任地方大員做鋪墊。

觀察發現，自從 2015 年 8 月栗戰書主持中共中央黨內法規工作聯席會議第一次會議並發表講話後，栗戰書就被認為從後台轉至前台，他已經跨過江派常委劉雲山開始主導中共幹部思想教育工作。

栗戰書作為中共中央書記處書記，同時兼任了「國安委」主任，被外界視為是習近平班底的核心成員。11 月 7 日的習馬會，習近平在 11 月 1 日就授權栗戰書代表中共黨、政、軍向省部級高官通報。有評論稱，這突顯了栗戰書作為習頭號幕僚的地位。

陸媒盤點栗戰書文章 但過後被刪

栗戰書在黨報上撰文後，新京報微信公號「政事兒」發文〈「中南海總管」栗戰書的四篇文章透露了什麼〉，盤點栗戰書自 2012 年 9 月擔任中辦主任以來，在《人民日報》、中辦《祕書工作》雜誌發表的四篇文章，並透過這四篇文章來分析他的工作風格，還梳理他的一段成長史。

文章稱，2014 年 5 月，習近平到中辦調研視察後，提出絕對忠誠、高度自覺等「五個堅持」。隨後栗戰書對此出了 1.6 萬字的解讀，刊登在《祕書工作》雜誌上，文中多次剖析中辦存在的問題。其後，曾在中辦工作過的令計劃和霍克等先後被查。

不過栗戰書的文章在媒體鳳凰博報轉載後，很快被拿下。其他門戶網站的鏈接也被刪除，有評論分析這是劉雲山的指令。

栗已取代劉雲山 三常委心驚膽戰

新唐人時政評論人士唐靖遠指出，栗戰書對中共黨建長文的高調發表，至少釋放兩個信息：其一，栗戰書在中共官員教育工作方面已經跨越劉雲山，在這方面劉雲山已變得可有可無，明顯被「廢」；其二，栗戰書提出的種種問題，針對性極強，刀刀不

離江派三常委被強塞入常的「後腦勺」。

另有評論指出，中共十八大後習近平、王岐山反腐打虎以來，江澤民硬塞進常委的三人都各有計謀參與攪局：張德江挑起香港風波；劉雲山父子涉嫌股災「政變」，同時劉雲山多次扣押或曲解習近平的講話，甚至習近平要求的習馬會現場直播，也被劉雲山給摻沙子了；而因給江澤民抬轎子才高升上來的張高麗，不但碌碌無為，而且還與天津大爆炸的貪腐密切相關。

很多分析認為，這三個江派常委被拿下是遲早之事，只不過是以「腐敗」入籠，還是以「能上能下」解職，有待觀察。栗戰書的頻繁高調發文喊話，也令這三人心驚膽戰，度日如年。

第三節

栗戰書將取代劉雲山

栗戰書是習近平非常重要的一個左右手。圖為栗戰書 2015 年隨習近平訪美。（GettyImages）

栗戰書接替劉雲山 再現一徵兆

2016 年 5 月 18 日，中共黨和國家功勛榮譽表彰工作委員會第一次全體會議在京召開。在會議上，栗戰書以政治局委員、中共黨和國家功勛榮譽表彰工作委員會副主任的身分現身，並傳達了習近平的重要指示。

而該表彰工作委員會的主任是中共江派現常委劉雲山，出席會議的還有其他四名副主任：楊晶、王晨、楊潔箎、張慶黎、張陽；陣容龐大。

外界注意到，作為習近平的「大內總管」、中辦主任栗戰書，已多次介入中共的文宣、黨建系統，而分管這兩塊的是江派常委劉雲山。

港媒 2016 年 2 月曾披露，栗戰書將在 2017 年中共十九大上，

接替劉雲山的職務，掌管中共的文宣系統及黨建工作。台媒 2016 年 3 月也預測，栗戰書將在下屆入常，並居入常人選的首位。

栗戰書多次介入劉雲山的地盤

此前，栗戰書已多次介入中共文宣、黨建工作，接管劉雲山職務的徵兆明顯。

2016 年 4 月，海外中文媒體披露，栗戰書越過江派常委劉雲山直接向中共三大央媒高層下指令，布署宣傳活動。據稱，參加會議的央媒高層心中有疑但不敢多問。私下有高層指，因為巴拿馬文件已經涉及主管意識形態和宣傳輿論的江派常委劉雲山，所以中辦似是有意避開劉雲山而進行的。

2015 年 8 月 24 日，習近平當局批准建立「中央黨內法規工作聯席會議制度」，栗戰書主持第一次聯席會議並講話。中紀委、中組部等 14 家中共中央黨內法規工作聯席會議成員單位的有關負責人參加了會議。當時媒體分析認為，栗戰書此次執掌中共黨內的法規工作，擠掉負責中共黨建的劉雲山，破了常規。

2015 年 4 月 8 日，栗戰書破例超規格參加中共全國黨史研究室主任會議並講話。會上，栗戰書要求中共官員要學習習近平的相關論述。

2015 年 11 月 7 日，習近平與馬英九舉行兩岸分治 66 年後，兩岸領導人首次會面。中共央視多個頻道直播了「習馬會」。據消息披露，當時中共央視未安排現場直播演講實況，習近平得知後，隨即讓栗戰書致電主管文宣系統的江派常委劉雲山，責成央視必須現場直播「習馬會」。

　　中共江派常委劉雲山目前兼任中共中央黨校校長，負責中共黨建、文宣系統工作。中共十八大後，劉雲山不斷利用文宣系統與習近平對著幹，甚至扭曲、扣押習近平、李克強等人的講話等，劉雲山成了江派對抗習近平當局的前台人物。但當局也不斷削弱、清洗劉雲山主管的文宣系統，不斷收回文宣系統的權力。

　　習近平的「大內總管」栗戰書多次破例涉足劉雲山主管的黨建、文宣系統領域，替習發聲。外界傳出的栗將取代劉的職務，並非空穴來風。

第四節

栗戰書點名批評智庫

中共社科院、中共中央黨校等中共智庫組織架構渙散、紀律渙散，被中辦、國辦點名通報批評。圖為社科院舉辦的座談會觀眾。（Getty Images）

栗戰書點名批評 中共智庫成聊天咖啡館

2016 年 6 月港媒刊發〈智庫被批成為咖啡館〉的消息稱，中辦、國辦點名通報批評中共智庫組織架構渙散、紀律渙散，工作任務、職責職務不清；批智庫學者、研究員一年交不出一份專業報告，整天空談中外信息，社會新聞、往事成了主題，智庫成了知己聊天的咖啡館。中共每年支付給智庫的經費高達 1400 多億元。

現任中辦主任栗戰書是習近平的「大內總管」，而被中辦點名批評的中共智庫，如中共社科院、中共中央黨校等，都是由江派現常委、主管中共意識形態的劉雲山把持，他們一直與習近平當局唱反調、甚至對著幹。

港媒 2016 年 3 月 12 日的評論文章表示，習近平對中共社科

院、中央編譯局等頗為不滿。消息人士指，據中巡組審查，社科院 3000 餘人中，有 1000 多名學者存在套取科研經費、違反八項規定及以權謀私等問題。這逾千名違規的人員已受到懲處。

2016 年 1 月 31 日，中紀委第一巡視組向社科院反饋專項巡視情況稱，社科院頂風違反「習八條」，禁而不止；有官員「搞團團伙伙」；文聯貫徹習近平文藝講話精神不到位，有官員以權謀私、「借藝生財」等等。

習近平的「大內總管」、中辦主任栗戰書已多次介入中共的文宣、黨建系統，而分管這兩塊的是江派常委劉雲山。多方消息預測，栗戰書將在中共十九大上接替劉雲山的職務。

掀反憲政風 中共智庫與習對著幹

中共十八大後，習近平首提「憲法夢」；2013 年初《南方周末》在元旦獻詞中呼籲習近平的「憲政夢」，但遭到劉雲山控制的中宣部刪除，引發抗議浪潮，從而爆發轟動一時的南周事件。

隨後中共社科院院長王偉光等人掀起了反「憲政」風。王偉光在社科院官方微博「思想火炬」引述「江澤民談階級鬥爭」的內容，大談「不能丟棄階級鬥爭」之類的言論。2014 年 9 月，王又拋出「階級鬥爭不可能熄滅」等極左言論。

同年 9 月底，江派另一常委張德江的屬下、中共人大內務司副主任委員、原社科院副院長李慎明更刊文稱，中共人大可罷免「國家主席」，直接挑釁習近平。

社科院這些中共御用文人挑釁習近平當局的言論，立即引發各界關注與熱議。清華大學社會學教授孫立平在微博上要求王偉

光給出「階級鬥爭」的方案和方法，包括是否需要通過公布財產劃分階級，是否需要恢復「文革」時戴高帽遊街。

2010 年，江派地方大員薄熙來在重慶啟動「中國特色社會主義在重慶的實踐」系列研究工程，共分為 12 項課題，社科院獨占鰲頭，拿到 5 項，時任副院長王偉光、李慎明、朱佳木等這些御用文人，傾巢而出跑到重慶為薄熙來站台。

不難看出，中共內部所謂「左、右」之爭表面的背後，是江派勢力代表劉雲山在失勢前與習近平的激烈對抗。

第五章

栗戰書率先提習核心

中共十八屆六中全會上，「習核心」被提出。自此，標誌著習
近平經過四年多的打虎、清洗江派勢力的大戰取得重大進展。
權力已被牢牢掌握在習當局手中。而在習近平建立核心地位的
過程中，中共政治局委員、中辦主任栗戰書起了很大作用。

早在 2014 年 9 月，備受習近平青睞的中共中央辦公廳主任栗戰書，
便開始重提鄧小平的「核心論」，並不斷抬高習近平。（大紀元資
料室）

第一節

栗戰書圈掉三代表
文件不提「江核心」

2015 年 10 月份，有港媒披露，3 月下旬，中共中央政治局常委會、中央政治局會議，8 月初北戴河中央政治局常委擴大會議上都有討論「第三代領導核心」的問題。討論結果是有爭議，但也有共識，即：在中共黨內的文件上不用、不提固定式「第三代領導核心」的規格。不支持地方、部門有關報告、文件運用固定式「第三代領導核心」論，要適時糾正、淡化，要避免相關議題擴大化。

有分析認為，這是中共內部「去江化」的體現。中共正在逐步淡化江澤民的「三個代表」理論，弱化「第三代領導核心」論。

另據媒體報導，中共政治局委員、中辦主任栗戰書曾對吉林、山西和江蘇省委等有關工作報告提出批評，並直接將報告中「毛澤東思想」和「三個代表」等詞句圈掉。

還有報導披露，中共中央黨校大門口的江澤民題字石在 2015

年9月下旬被移走一事，被外界普遍認為是黨內「去江化」的標誌性事件。但其實，當局針對江澤民的「新政治動向」早已有跡可循。

報導說，在2015年「七一」前夕，中共政治局委員、中央政策研究室主任王滬寧在內部會議等場合特別提出，黨內習慣把江澤民任總書記時期稱為「第三代領導核心」等，這樣的提法不科學、不符合實際。王滬寧還強調，在今後中共黨內的文件上、黨史上都要作出必要的糾正，不能含糊。

據《爭鳴》雜誌2015年8月號文章報導，此前王岐山曾親自找王滬寧談話，而後王滬寧在中共政治局組織生活會上作了自我反思和檢討，承認錯誤，請求辭職。王滬寧承認當年是「違心」與曾慶紅推出江澤民「三個代表」理論，並錯誤地參與進行大樹特樹等（後續造勢）。

據海外中文媒體報導，2015年5月22日，中共國防大學教授馬駿在一個講座中語出驚人。他說「現在習近平出來，可謂恰逢其時，他是真正的第三代領導核心」。

在中共官方公開報導中，中共前兩代核心分別是毛澤東和鄧小平。江澤民也一度被稱為中共「第三代領導核心」。

一位資深新聞界人士表示，馬駿的這個講話，不僅加冕了習近平「核心」之位，更把江澤民直接踢下了第三代中共領導核心位置。

當前，習近平當局的反腐「打虎」已經直逼江澤民，天津爆炸之後，江、習權鬥公開化。外界認為，抓捕江澤民，已經成為穩定中國大陸社會的關鍵所在。

第二節

六中全會確立「習核心」內幕

　　中共十八屆六中全會確立了「習核心」，但早在兩年前習陣營就開始布署。2014 年 9 月，備受習近平青睞的中共中央辦公廳主任栗戰書，開始重提鄧小平的「核心論」，並不斷抬高習近平。

　　習近平上台後，栗戰書和王岐山被稱為習的左膀右臂，連習近平與馬英九的「習馬會」，都是由栗戰書代表中共中央、中共國務院以及中共中央軍委，向中共省部軍一級通報的，由此可見栗戰書說話的分量。

　　2014 年第 9 期的中辦《祕書工作》雜誌刊發了栗戰書的文章，該文摘自栗戰書 7 月 1 日對中辦所有處級以上幹部的講話。9 月 29 日，人民網轉載了這篇文章。講話中，栗戰書重提鄧小平曾講過的話：「任何一個領導集體都要有一個核心，沒有核心的領導是靠不住的。」同時，栗戰書在文中多次提到習近平。

　　當時外界覺得很驚訝，習近平剛上台不到兩年，「核心」一

詞在過去十多年裡都沒被提過了，人們強調的是「集體領導」，怎麼現在又出現「核心說」呢？很多人記憶中只有「鄧核心」與「江核心」。

不過，香港《動向》雜誌援引中共全國人大的高層判斷說，此為「試水習核心」之舉。隨後在軍方講話和官方的會議上也出現了徵兆。

國防大學教授稱習為第三代核心

因此，2015年5月22日，中共國防大學教授馬駿首次提出「習近平是真正的第三代領導核心」的概念震動了朝野。

據知，國防大學是中共培養高級將領的高校。馬駿現為國防大學戰略教研部教授、大校軍銜、中國二戰史研究會副會長。

一位資深新聞界人士表示，馬駿沒有背後人的支持，怎麼敢說這樣「膽大妄為」的話呢？

習提「看齊意識」即為向習看齊

2014年3月9日，習近平在中共「兩會」安徽代表團上講話，提出要「三嚴三實」（「嚴以修身、嚴以用權、嚴以律己；謀事要實、創業要實、做人要實」）。2015年4月，中辦印發《關於在縣處級以上領導幹部中開展「三嚴三實」專題教育方案》，此後高層還布署了專題教育。

到了2015年12月28日至29日，習近平在中央政治局「三嚴三實」專題民主生活會上發表「重要講話」。按通常流程，習

壓軸出場，活動也應該收尾。然而，習「重要講話」卻將「三嚴三實」活動升格成了一場以「核心」、「看齊」為關鍵詞的效忠表態潮。

習「重要講話」對政治局提出四點要求，其中第一點是「堅持堅定正確的政治方向」、「做政治上的明白人」；第二點是「中央政治局的同志必須有很強的看齊意識，經常、主動向黨中央看齊」。此即「看齊意識」的由來。

奇怪的是，中央委員會閉會期間政治局代行中央職能，「政治局的同志」本身就是「中央」，又如何向「中央」看齊？

答案不久揭曉。

「看齊意識」很快被明確解讀為「向習總書記看齊」。官方還把「看齊」追溯到毛澤東掌權時期，連毛在中共七大預備會議上的話也被搬了出來：「要知道，一個隊伍經常是不大整齊的，所以就要常常喊看齊，……看齊是原則，有偏差是實際生活，有了偏差，就喊看齊。」

致「訓詞」 「習核心」呼之欲出

2015 年 12 月 31 日，習近平當局在八一大樓舉行中共陸軍領導機構、火箭軍、戰略支援部隊成立大會。當時習近平向三支部隊授軍旗，還罕見發表「訓詞」。

習近平是中共建政後第二位致「訓詞」的領導人，毛澤東曾在 1952 年到 1953 年期間就中共軍隊建設發表五次「訓詞」。除了毛以外，再有致訓詞的就是蔣介石。1927 年 7 月 7 日，蔣介石在首任特別市長黃郛地就職大會上發表「訓詞」。蔣作為國民黨

軍隊的最高領導人和締造者，曾多次訓詞。

有消息人士透露，致「訓詞」體現的是領導人對軍隊的絕對權威。習近平發表「訓詞」，可見「習核心」已經呼之欲出。

常委向習匯報　「習核心」水到渠成

2016 年 1 月 7 日，中南海發生了一件頗不尋常的事情。這一天，政治局常委會全天開會，聽取全國人大常委會、國務院、全國政協、最高法、最高檢黨組工作匯報，聽取中央書記處工作報告。張德江、李克強、俞正聲、劉雲山都突然變成了向習近平「匯報」工作。

此前，在 2015 年 1 月 16 日，首次出現了由「國級」常委們集中匯報工作的報導。

也有官媒報導，王岐山作為習近平的反腐先鋒，每周都會向習匯報；而張高麗作為副總理和京津冀一體化小組長，也經常跟習匯報。

2016 年 1 月 7 日的中南海匯報後，官方報導用語又出現了細微變化，提出「政治意識、大局意識、責任意識」，也出現了「核心作用」、「領導核心」，但此處「核心」已經開始指向習近平本人。而此前幾天的「看齊意識」，「看齊」的目標還只是泛指「中央」而非習。

接下來對此推波助瀾的是從 2016 年初，大陸至少 15 省的「一把手」稱「堅決維護習近平總書記這個核心」的表忠潮。人民網從 4 月至 9 月展開「民調調查」，再到人民論壇在六中全會前公布民調調查結果，也為「習核心」作出鋪墊。等到六中全會中央

委員會一致通過，正式確立了「習核心」。也正如當局所說，經過兩年多的布署，確實是「水到渠成」。

「核心」說法來自鄧小平的專權

中共前總書記趙紫陽的政治祕書鮑彤在六中全會後表示，在中共的黨章裡從來沒有「核心」這樣一個概念，從來沒有講過「核心」是怎麼產生的。只是在鄧小平交權給江澤民時，講共產黨有「核心」。

事實上，《大紀元》2016 年 2 月 16 日發表的關於江澤民、胡錦濤、習近平的「核心」之爭，以及「習核心」出台的內幕報導中，就曾講到這個問題。

1989 年 6 月 16 日，即「六四」事件發生後的第 12 天，鄧小平和楊尚昆、萬里、江澤民、李鵬、喬石、姚依林、宋平、李瑞環等中共新領導人會面時說：「任何一個領導集體都要有一個『核心』，沒有『核心』的領導是靠不住的。」

在那次會談中，鄧小平正式提出了「核心」的概念，並稱，第一代「核心」是毛澤東，第二代是他自己，第三代是江澤民。言外之意，哪怕發生了「六四」屠殺學生這樣的惡行，全黨都得聽我鄧小平的，任何圖謀給「六四」平反的事都是不可能的。

那時江澤民雖已是中共最高領導人，但鄧小平在世時，江澤民實際上一直沒有真正的「核心」地位。1992 年，鄧以中共普通黨員身分南巡時，展示的仍是「鄧核心」的影響力。

直到 1997 年 2 月 19 日鄧小平死後，江澤民的人馬迅即以「中共中央、全國人大常委會、國務院、全國政協和中央軍事委員會」

的名義發表了《告全黨全軍全國各族人民書》，提出了以「江澤民為核心的黨中央」。

江動用「核心」拍板權鎮壓法輪功

資料顯示，江澤民真正大提特提「核心論」是在 1999 年 7 月後。1999 年 11 月，江澤民在和軍方高層談話時，突然強調他的「核心」作用。江澤民為何這時才大張旗鼓地宣傳其「核心」地位呢？

這要從同一年中國發生的一件震驚中外的大事說起。

1999 年 7 月 20 日，江澤民一意孤行發起對法輪功的鎮壓，並計畫在三個月內消滅信仰真善忍的法輪功。

法輪功從 1992 年由李洪志先生從長春傳出後，由於在祛病健身、提升精神文明方面具有神奇功效，很快憑藉口耳相傳，傳遍了全中國，到 1999 年已有一億人學煉法輪功。正因為這一億人超過了中共黨員人數，心胸狹隘、無能且妒嫉心強的江澤民才下令鎮壓法輪功。當時，包括江澤民在內的七個政治局常委的家屬中都有人在學煉法輪功。

當時政治局常委在開會，胡錦濤、朱鎔基等都對江澤民鎮壓法輪功的提議投了反對票。江對此很惱火，但依舊一意孤行發動了對法輪功的鎮壓。

但鎮壓很不得人心。據中南海內部消息，江澤民的「軍師」曾慶紅在三個月後對江澤民說：「現在從常委、政治局委員到各級黨組織，對鎮壓都很消極。我建議，第一、各地實行『一把手』負責制，各地如有上訪的法輪功超過一定數量的，『一把手』撤

職；第二、上訪人員中山東來的幾乎最多，告訴吳官正，如果再有上訪人員就撤銷他省委書記和政治局委員的職務，如果鎮壓得力，可以考慮他在『十六大』上當政治局常委；第三、胡錦濤的態度很曖昧，原來我們選定的第五代領導人李長春在廣東的鎮壓，也很不得力。我們必須採取措施。」

於是在 1999 年 11 月後，江澤民一方面開始用利益誘惑想要升官發財的各地官員跟隨他迫害法輪功；另一方面開始大幅推出「核心論」的說法，旨在威脅各方「諸侯」在重大政治問題上只能聽江的一個聲音。此後，在中共官方表述裡，很多用的是「以江澤民為核心的黨中央」。

不滿江 鄧指定第四代核心胡錦濤

等到了中共十六大時，江澤民不得不交出總書記的職務，但他卻沒有把核心地位傳給胡錦濤；相反，卻想方設法地架空了胡錦濤這個鄧小平安排的第四代核心。

鄧小平在 1989 年民眾反腐反到了自己的兒子「官倒」上後，出於個人私心和中共與民為敵的黨性，下令開槍鎮壓了「六四」運動。倉皇中，鄧小平不得不接受李先念、陳雲、薄一波等人的建議，把江澤民扶上來當了傀儡總書記。

鄧小平很快發現，昏庸無能的江澤民思想僵化、不搞改革，不是自己一路的人。於是 1992 年鄧小平南巡時，就想把江澤民撤下。鄧公開喊話：「誰不改革、誰下台」。

不過陳雲點醒鄧說：事不過三，你不能一而再、再而三地換總書記，從胡耀邦到趙紫陽，若再把江澤民拿下，恐怕內部不服。

於是鄧小平只好繼續讓江澤民坐滿任期，但同時卻在 1992 年把遠在西藏當黨委書記的胡錦濤，調回北京任中央書記處書記，並安排進入政治局作常委。

當時鄧小平就把胡錦濤任命為江澤民的接班人，擔任第四代中共核心。這等於是斷了江澤民的後代，讓他原本想讓曾慶紅接班的計畫泡湯。

但江澤民、曾慶紅不想在鄧小平死後依舊那樣服從，於是江澤民一直隱瞞鄧小平關於胡錦濤的安排，一直想抓住王儲的一點差錯，從而廢了胡錦濤。

中共元老喬石十五大臨退前，故意公開透露了一個消息：胡錦濤是中共第四代「核心」，這是鄧小平和中央政治局常委、政治局委員等所做的安排，並形成了中共內部的正式決議。

到十六大江澤民用「七上八下」逼退李瑞環時，喬石、李瑞環和萬里等人，聯手在不同場合不約而同地公開了有關鄧對胡錦濤的安排，目的就是阻止江澤民圖謀改動胡錦濤接班的計畫。

江因欠下巨大血債 不敢讓胡接班

江澤民害怕胡錦濤來接班，主要有政治、經濟兩大原因。一是從 1999 年到 2002 年，江澤民和其集團人馬在政治上主要就是違背法律瘋狂地迫害法輪功，江澤民下達密令，要「名譽上搞臭、經濟上搞垮、肉體上消滅」法輪功。結果「610」辦公室的公安警察為了達到所謂轉化率，動用上百種酷刑非法折磨法輪功學員，造成至少數千人死在勞教所和監獄中。2013 年《Lens 視覺雜誌》發表的〈走出馬三家〉，就是這種瘋狂迫害法輪功的縮影。

同時，國際人權組織認定，江澤民集團犯下活摘法輪功學員器官的反人類罪行。全球醫生反對活摘協會 DAFOH 指控江澤民下令抓捕了數百萬上訪法輪功學員，把他們關押到祕密集中營裡，一旦有人需要做器官移植，就把一個法輪功學員帶出來，當他／她還活著時，就開刀割去心臟、肝臟、腎臟、眼角膜等，用來移植給有錢的病人、特別是外國人，從而牟取暴利。

面對國際社會的追查，江澤民擔心胡錦濤會把自己交出去，交給國際法庭審判。後來江又擔心習近平會做同樣的事的。因為胡錦濤、習近平都是反對鎮壓法輪功的，這筆血債是江澤民集團犯下的，因此江一直害怕把權力交出去，一旦交出去，自己的死期也就到了。於是江澤民集團拚命也要把胡錦濤、習近平壓下去，哪怕搞暗殺、政變也在所不惜。

這就是「江、胡鬥」和「習、江鬥」的關鍵核心原因：對法輪功的不同態度決定了他們的迥然不同與水火不容。因為胡錦濤、習近平都明白，這上億人的冤屈、數百萬人的血債，不是他們能掩蓋能背負的，冤有頭，債有主，誰幹的壞事誰承擔，胡、習是絕不會替江澤民背黑鍋的。

第二個經濟原因，是江澤民奉行「悶聲發大財」的治國方針。於是在江澤民的帶動下，中共全體黨員開始拚命撈錢，帶動整個社會一切向錢看，甚至殺人害命、黃賭毒都盛行起來。

相比而言，胡錦濤是清廉的，不貪不腐。江澤民害怕胡錦濤掌權後，會追查羅干、周永康花光國庫錢的事，而那些錢被用來所謂的「維穩」。當時中共的維穩經費與國家的軍費差不多了，可見裡面的財政黑洞巨大無比。江澤民集團怕繼位者查帳、反腐，於是，江澤民、曾慶紅想方設法阻止胡錦濤接班。

十七大沒有「胡核心」的內幕

然而在喬石、李瑞環、萬里等人的強烈堅持下，萬般無奈中，江澤民十六大上被迫把中共總書記的頭銜交給了胡錦濤。但中共軍委主席的位置卻讓張萬年帶頭發動軍變，強迫胡錦濤同意江澤民繼續擔任。

同時，江澤民為了架空胡錦濤，故意把七人的政治局常委增加為九人，硬是把自己的七個親信塞了進去。於是2002年11月，中共十六大認定的常委是：胡錦濤、吳邦國、溫家寶、賈慶林、曾慶紅、黃菊、吳官正、李長春、羅干，這裡面只有溫家寶和胡錦濤是一條路的，其餘都是江派人馬。

在這樣一個二比七的劣勢環境下，胡錦濤自然難以成為「核心」。於是當時李長春控制的中宣部，給胡的定位是在九人各管一攤的「集體領導」下，被架空了的「以胡錦濤為總書記的黨中央」。

胡錦濤在幾次險遭江澤民暗殺之後，決心反擊。2006年，胡錦濤對江澤民的隔代接班人、時任上海市委書記陳良宇動手，拿下了陳良宇。此後，江澤民力保曾慶紅留任十七大，但那時胡錦濤已下定決心，要將曾慶紅在十七大趕下台。

十七大前，胡錦濤掌握了不少曾慶紅家族貪腐的證據，最後在政治局用江自己所定「七上八下」的中共黨內潛規則逼退了曾慶紅。

日媒報導說，當時的情況是，江派屬意的接班人薄熙來在黨內投票中幾乎位列最末，江澤民和曾慶紅只能同意暫時讓習近平「頂上去」。習近平是能讓各派系都接受的人。

於是，2007年10月公布的十七大的政治局常委名單是：胡

錦濤、吳邦國、溫家寶、賈慶林、李長春、習近平、李克強、賀國強、周永康。這裡面，江派依舊占了五席，胡錦濤的力量是四比五，依舊是弱勢。

據《大紀元》獲悉，曾慶紅在退下前還開出了兩個條件：一是江派人馬在政治局常委中占據大多數，二是胡錦濤不得被稱為「核心」，這給江派興風作浪提供了條件。

北京官場流傳一個說法，胡錦濤是漢景帝轉生，他很聰明，但性情軟弱，這就給了周永康等凶狠殘暴、厚顏無恥的江派人馬很多可乘之機。

「習核心」打掉「江核心」

到了十八大，由於江派使出「要死，大家一起死」的瘋狂絕招，逼迫胡錦濤、習近平同意十八大政治局常委名單是：習近平、李克強、張德江、俞正聲、劉雲山、王岐山、張高麗。在俞正聲倒戈後，江派占了三席，習近平的力量變成四比三，但仍舊很難自己做主搞改革，因為要改的就是江派的貪腐。

但天性堅毅、很有使命感的習近平，在胡錦濤的全力支持下，在王岐山的捨命相助下，一上台就大張旗鼓地搞反腐。四年下來，基本上把江派「上海幫」老巢以外的不少人馬和腐敗分子都打下來了，連常委級別的周永康，握有軍權的軍委副主席徐才厚（已病死）、郭伯雄，還有掌控中辦多年的令計劃等，都打落下馬，關進了秦城。

在打虎滅蠅的過程中，習近平、王岐山多次遭到死亡威脅，以及各種或明或暗的政變、股市搏殺等，都是性命攸關的險事。

2014 年 8 月，據《長白山日報》報導，習近平稱：腐敗和反腐敗兩軍對壘，呈「膠著狀態」。習近平十分堅決地講到：「與腐敗作鬥爭，個人生死，個人毀譽，無所謂。既然黨和國家的前途命運交給了我們，就要擔當起這個責任。」

很多評論說，能敢於放下生死，這樣的人就能成就大業。能夠打敗昔日盤踞中國長達 20 多年的眾多「老虎」，當然就有資格成為新的核心。換句話說，習近平的核心地位，是他自己用命掙來的，是打敗「江核心」之後的自然結果。

有關習近平是如何迎戰「江核心」的，請看新紀元出版的新書《江澤民逼習近平反目成仇》及《逮捕江澤民》。

習在清算江派過程中 確立核心地位

2016 年 10 月 27 日，中共六中全會結束當日，《人民日報》發表社論稱，習近平在「新的偉大鬥爭實踐」中已經成為中央的核心、全中共的核心。什麼是「新的偉大鬥爭實踐」？有陸媒將此主要歸因於習的反腐。港媒的評論也稱，習近平如果不是通過反腐整風拿下周永康、郭伯雄、徐才厚、令計劃等人，其核心地位也難以確立。

不過，也有人說，習近平還沒有拿下江澤民、曾慶紅，其現在的核心地位，只是幫助他能更有力更迅速的拿下江澤民，只有真正公開逮捕江澤民、曾慶紅之後，習近平才是真正的核心。

「習核心」是中共最後一任核心

二十多年來中共官方媒體在宣傳報導最高領導人時，多會在名字前加上代次，如「第二代領導核心鄧小平」、「第四代領導人胡錦濤」等，直至十八大習近平上台之初，官媒仍如此報導稱習為「第五代領導人」。不過近年來特別是中央級喉舌，已鮮少以此稱習。六中全會也沒有點名習近平是中共「第五代」領導核心。

時事評論員石久天評論說，預計習近平是中共最後一個核心。一方面，中共已經走不下去，在未來幾年內就會解體；另一方面，習當局已經列出了規矩，「核心」必須樹立權威，再由中共內部授權。未來在中共內部，估計很難再有人超越。因此，無論從哪個意義上來說，習近平都是中共的最後一任核心。

六中全會是習、江陣營權力消長的分水嶺。石久天表示，擁有「核心」頭銜的習近平，布署抓江澤民將進入實質性階段。江澤民集團的抵抗，預期也會更為激烈。

第三節

王岐山、栗戰書
這樣評價習近平

　　2016 年 11 月，中共政治局常委王岐山及「大內總管」栗戰書等高官的文章，被蒐集作為六中全會的權威輔導材料，他們在文章中高度評價了習近平。

　　六中全會後，中共官方出版《〈關於新形勢下黨內政治生活的若干規則〉〈中國共產黨黨內監督條例〉輔導讀本》，蒐集了政治局常委王岐山以及「大內總管」栗戰書等高官的文章，作為六中全會的權威輔導材料。

　　栗戰書的文章表示，周永康、薄熙來、郭伯雄、徐才厚、令計劃等人，不僅經濟上貪腐，而且政治上野心膨脹，無視黨紀國法，拉山頭、搞宗派，直接挑戰中央權威。

　　這算是官方公開承認十八大後那些以貪腐被判刑落馬的高官，這些江派人馬「搞陰謀、搞政變」，才在無官不貪的中共官場裡被反腐反掉。

文章強調，維護中央權威和維護習近平的核心地位是統一的。「維護習近平的核心地位，就是維護中央權威；維護中央權威，首先要維護習近平的核心地位。」並以「最有威信、最有影響、最有經驗」來評價習近平。

目前在中共黨內，不服習核心的，主要以張德江為首。為此，栗戰書開始以行動制伏張德江。

2016 年 10 月 10 日，自由亞洲電台報導稱，民運圈中人透露，中共第三號人物、中央港澳工作協調小組組長張德江，成了習近平辦公室主力打擊對象。這亦解釋了 9 月起香港《成報》點名批判張德江、中聯辦主任張曉明、香港行政長官梁振英，是「亂港四人幫」。此事的操盤手是習近平的親信、中央辦公廳主任栗戰書。

王岐山則在文章中評價習近平「展現出堅定的信仰和信念」，「透視出深沉的憂患意識和頑強的意志品質」。

2015 年 10 月，美國前財政部長保爾森（Henry M. Paulson）在其新書《與中國打交道》中，細數他與王岐山 15 年交往的經歷。保爾森將王岐山視為知己，他評價王岐山率直、不廢話，勇於大膽地採取行動，是個會主動解決問題的人，其反腐是很認真的。

此前王岐山也曾公開透露，他很佩服習近平，連王岐山這樣的「學霸」都高度評價習，可見習真是讓他們口服心服了。

第六章

改革先鋒汪洋意外出局

被外界廣為看重的中共改革派領軍人物之一的汪洋，在中共十八大上意外沒有進入政治局常委會，被解讀為政治內鬥平衡的結果。然而儘管如此，汪洋後來卻依然銳氣不減，頻頻配合最高當局的打虎、政改，成為中共十九大入常的熱門人選。

在十八大入常人選中，汪洋的「呼聲」最高，卻意外失之交臂。目前再成十九大入常熱門人選。（Getty Images）

第一節

十八大汪洋意外出局黑幕

劉雲山得票比汪洋還低

中共十八大落幕一周多後，港媒爆出黑幕：中共自詡是「差額選舉」，但「當選」中共政治局常委的劉雲山卻比沒有入常的汪洋得票低，甚至比女將劉延東還低，但劉雲山卻進入了常委。

香港《蘋果日報》引述消息披露，中委投票時，政治局常委七巨頭習近平得票最高，「全票當選」，李克強只比習少一票。七常委中掌管意識形態的劉雲山得票最低，連

有「媒體殺手」臭名的劉雲山，被港媒報料，在中共政治局常委的選舉中，得票低於沒入常的汪洋，甚至比女將劉延東還低。（AFP）

未能入常的汪洋得票數也比他多。北京學者指，這顯示中共黨內選舉完全是自欺欺人的遊戲。

《蘋果日報》稱，中共十八大中央委員選舉政治局委員和常委之前，反覆預選動員，要確保「該上的人一定能上」，不過選舉結果還是與高層指定的人選不同。

消息人士公布了 10 名頂級政要的得票數分別為：總書記習近平以 2306 票（投票人數 2307 人）扣除他自己那一票，「全票當選」；未來總理李克強、未來人大委員長張德江和未來常務副總理張高麗，都得了 2305 票，比習少一票；未來全國政協主席俞正聲得 2300 票；中紀委書記王岐山得 2299 票；主管意識形態的劉雲山最低，得 2294 票，而無緣入常的廣東省委書記汪洋獲 2300 票，政治局委員兼國務委員劉延東得了 2301 票，中組部長李源潮得票 2287。

如果中共真按選舉結果來決定常委人選的話，那他們依次為：習近平、李克強、張德江、張高麗、劉延東、俞正聲、汪洋，七人之外的是王岐山、劉雲山、李源潮。而實際結果是，王岐山、劉雲山強行取代了劉延東和汪洋。有民眾氣憤地說：「中共的所謂選舉，只是婊子的牌坊，做樣子騙人的。」

當時香港及台灣各書店和書攤熱銷的《十八大中南海新權貴》一書，詳細介紹了這些新人的各種資料，包括其發跡歷程、屬於哪一派，其政績惡績、個人愛好、家庭故事等。評價劉雲山的是「吹捧了他人，搞臭了自己」。劉雲山在內蒙古當官時主要靠薄熙來一家的幫襯，後來依仗的是江澤民。劉靠吹捧江而飛黃騰達，劉的兒子也格外引人注目。

針對劉雲山的上位，很多民眾表示，劉的入常意味著中共「扛

上左大旗，繼續河裡摸上 10 年魚」。劉「鐵腕」管制下的中共中宣部，使中國新聞界受到文化大革命以來最粗暴的打壓，劉因此獲得「新聞殺手」、「媒體殺手」稱號，中宣部也被視為最大的「毒瘤」。劉曾多次被各民主黨派、無黨派人士點名炮轟，民主黨派四度上書反對劉入常。

習李全面接班，七名常委的妻子也成眾所矚目的焦點，尤其是集黨政軍於一身的習近平妻子彭麗媛備受關注，有人稱，中國終於出了一個可以拿得出手的第一夫人了。常委中除了張高麗外，其他常委的妻子或多或少皆有信息或有報導可查，而「媒體殺手」劉雲山之妻子從未被曝光過，連姓氏都無人知曉，劉被嘲諷為「保密功夫做到家」。

汪洋是改革派的期望

汪洋是明顯的團派背景，而且是胡錦濤的老鄉。薄熙來下台前，汪洋就是薄入常的最大攔路虎。汪洋從當「娃娃市長」時就引起鄧小平的關注，傳說鄧小平稱汪洋是個人才，胡溫也一直對汪洋信賴有加。

不過中國有句俗話：槍打出頭鳥。汪洋在廣東不但發起「解放思想」運動，矛頭直指江的政治命根「三個代表」，還「騰籠換鳥」為胡的「科學發展觀」中「轉變經濟增長方式」做實驗，觸動了江派在廣東龐大地方利益集團。此前汪洋還在廣東剷劉江派勢力，包括江系前廣東省委書記張德江、李長春的舊部，清洗大批政法系周永康人馬、江派廣東幫高官，並把肅貪之火燒向周永康和江澤民情婦、前廣東省委副書記黃麗滿等，汪洋還指示廣

東媒體揭露上海幫的醜聞，如太子黨俞正聲與江的情婦陳至立、兒子江綿恆勾結的貪腐黑幕等。

面對江派勢力，汪洋喊出的口號是「殺出一條血路」。2012年5月，汪洋提出「必須破除人民幸福是黨和政府恩賜的錯誤認識」，並公開喊出「改革要從黨和政府頭上開刀」等驚人言論，並宣布在廣東試點「官員財產申報制度」和率先在深圳推動「工會直選」。另外，汪洋還在廣東掀起了廣東版的反腐打黑風暴，數百名官員被雙規。廣東21個地級市政法委書記不再兼任公安局長。《新紀元》評論說，中共改革溫家寶談得最多，汪洋做的最多。

有消息稱，汪洋在廣東的衝殺，打擊了以葉劍英的兒子、「太子黨精神領袖」葉選寧的勢力，葉家對此很不滿，於是向習近平提出，汪洋雖然能力很強，但政治上靠不住，不能留在中共核心層。

其實就像《新紀元》早前文章指出，汪洋搞改革，最大的障礙就是中共制度。儘管有溫家寶的全力支持，但關鍵時刻，胡錦濤亮出了他中偏左的政治立場。嚴格的說，胡錦濤不同於溫家寶，胡是屬於左派的中左人物，這也是薄熙來開始唱紅打黑而胡沒有制止的根本原因。

2012年11月9日，在聽了胡錦濤十八大政治報告後的第二天，汪洋公開表示，中共黨員都是改革者，不然就沒有今天，並稱「改革是中共的戰略抉擇」，還稱「中國、廣東會沿著改革開放的路子堅持走下去」。汪此言明顯是針對胡「不走改旗易幟的邪路」的異議。

十八大後有些人認為，新路線其實就是走鄧小平的老路：「經

濟上右派，政治上左派」，但是，趙紫陽、溫家寶、汪洋等改革派深知，這條經左政右的老路，事實已經證明是行不通的，會導致機體四分五裂，因為經濟和政治是統一在一起的，就好比一個人，左腿拚命往左，右腿拚命往右，結果只能是這個人被撕裂而死。政治體制不改，中共就走在這條死路上。

第二節

汪洋是胡溫改革的敢死隊

回頭看十八大召開前，汪洋進入常委的呼聲是很高的。（Getty Images）

《求是》「超規格」報廣東「政績」

2012 年 8 月 1 日出版的最新一期《求是》雜誌在顯著位置發表了汪洋的文章。《求是》的前身是《紅旗》雜誌，其發行直接由各省委書記負責，是中共黨內最主要的精神宣揚刊物，能在上面發表文章的人都是在黨內具有重要性的人物。此前有報導稱，中共十八大前的北戴河會議會在 8 月第一周進行。

《求是》不但刊登了汪洋的文章，而且擺放位置也非常獨特。習近平的「始終堅持和充分發揮黨的獨特優勢」排在第一位，第二位的就是汪洋的「堅持社會主義市場經濟改革方向 紮實推進幸福廣東建設」，第三位的是有關胡錦濤的評論員文章：「認真學習貫徹胡錦濤總書記重要講話」。

懂行的人都知道，歷來以媒體排序顯示權力座次的黨媒，在

這裡發出了一個強烈的信號：汪洋將進入中共決策管理層，入常的門票有一張鐵定是汪洋的了。當時外界評論說，未來的「一習二李」（習近平、李克強、李源潮）體制外，還會有攤「一汪清洋」。

讀汪洋的文章不難發現，通篇都在鼓吹廣東如何「深入貫徹落實」胡錦濤的「科學發展觀」，「黨八股」味道濃厚。北京一位政治分析人士認為：「這種為自己執政的『政績』大吹特吹的文章，除非得到最高層的認可，不然是無法在《求是》上出現的。這篇文章無疑是胡錦濤或者說中共高層對汪洋近五年來執政廣東表現的大幅肯定。」

美國《華爾街日報》評論說，對比廣東省委書記汪洋和原重慶市委書記薄熙來，汪洋「似乎才是走對路的人」。汪洋曾向《華爾街日報》記者表示，物質財富的提升，並不表示會更快樂，所以他希望積極推動幸福指數，讓已經富起來的廣東人更快樂。

《新快報》被「截肢」 汪洋行動快速

汪洋的特別，還可從一些小事上看出來。2012 年 7 月 16 日下午，廣州的《新快報》總編陸扶民被調回《羊城晚報》政文新聞部，當天《新快報》評論國際國內等新聞版面被撤銷，人們稱此事為《新快報》被「截肢」。

有消息說，是因為該報轉載了 7 月 9 日《濟南日報》刊登的一篇〈政治局委員們的知青時代〉。該報導中提及習近平：帶了一大箱子書下鄉；李克強：農村插隊還不忘學習；王岐山：深深體會了餓的滋味；李源潮：四人一天割稻 7 畝 2 分；張德江：百

餘人中第一個入黨。當時喉舌人民網用「盤點政治局委員知青生活：帶書下鄉不忘學習」在網上推廣，有很多媒體網站對此進行轉載。

很多人稱這篇文章看了半天也沒有看出毛病，不過該報導中提及的幾個人都是十八大入常的熱門人選，這在十八大之前都是非常敏感的新聞。

據知情人士對《新紀元》獨家透露，調離陸扶民的命令是汪洋下的。因為他知道習近平對於媒體用肯定「文革」的口氣那樣炒作他的知青生活很不高興。習近平認為「文革」是他個人以及全中國人最黑暗最痛苦的歲月，哪有什麼值得留戀的？莫非要像薄熙來那樣用唱紅的方式重溫「文革」？

於是消息靈通的汪洋馬上心領神會，把自己的下屬教訓了一頓。從這可看出，汪洋跟習近平的關係很近，很能揣摩上司的心意，而且動作很快，一兩天就把事情處理完畢了。

汪洋被視為中國政壇的一顆新星

在一次中共廣東省委全會上，中共省委書記汪洋念了兩份名單，第一份是「傅以漸、王式丹、林召棠……」等等，沒有多少人知道這些名字是誰，現場一陣沉默。第二份名單是「洪秀全、顧炎武、蒲松齡……」等等，名字熟悉，現場哄然議論。

汪洋念完名單，告訴摸不著頭腦的與會者，第一份名單是科舉狀元，第二份是落第秀才。他說，人能否被記住，不是你做多大官，而是看你做了多大事。顯然，汪洋對外表明其人生志向乃青史留名，並非是進京謀權、留戀權力。

汪洋打著「小政府、大社會」旗號，在廣東率先試點行政體制改革，放寬民間組織，警車開道護航數百民工遊行討薪，默許數千村民大規模遊行示威，暫停新聞禁令，對抗周永康等強硬派，樹立烏坎村民選模式，並在 2012 年初舉行基層選舉。

面對中央保守派和權力利益集團的阻力，2012 年兩會前後，汪洋公開喊出「改革要從黨和政府頭上開刀」，以及「幸福不是黨恩賜」等驚人言論，並宣布在廣東試點「官員財產申報制度」，和率先在深圳推動「工會直選」。另外，汪洋還在廣東掀起了廣東版的反腐打黑風暴，數百名官員被雙規。廣東 21 個地級市政法委書記不再兼任公安局長，被視為在廣東削藩，架空江系的政法委。種種舉動，為他贏得了民間的聲譽。

汪洋說：「只要各級黨委和政府的有關部門真正是能夠代表最廣大人民群眾的根本利益，而不是代表一小部分人的利益，那麼我們的改革就會往前邁出最關鍵的步伐。」在他看來，政府內部維護部門的審批權力，實際上也是利益格局影響改革的重要表現。「我們在解決利益格局影響改革的問題上，首先是要從執政的黨和政府頭上開刀」，汪洋還公開指出，追求幸福，是人民的權利；造福人民，是黨和政府的責任。「必須破除人民幸福是黨和政府恩賜的錯誤認識」。

汪洋訪問新加坡、澳洲、新西蘭、香港，《澳廣》日前報導稱，「汪洋是中國政壇的一顆新星，被廣泛認為是改革派領導人之一。」台灣《中國時報》評論把汪洋形容為中共黨內一顆無法被忽略的政治明星。

外界認為，汪洋最近屢屢破禁，語出驚人，其提出的一系列政改方案被認為是與溫家寶「南北呼應」。有分析指出，一般「入

常」的熱門候選人都會在塵埃落定之前盡量保持穩健低調，以避免節外生枝。汪洋連續破格高調試水的表現不尋常，可能背後有胡溫的默許或者支持，為十八大的轉向開路。人們常說，在中國政治改革方面，說的最多的是溫家寶，但幹得最多的是汪洋。汪洋在廣東搞得「幸福廣東」、「騰籠換鳥」、「烏坎選舉」等事，受到大陸媒體的吹捧，特別烏坎事件的處理，給汪洋大大地加了分。

汪洋得到鄧、趙、溫的賞識

汪洋（1955 年 3 月 12 日～），安徽宿州人。17 歲時，汪洋就在宿縣地區食品廠當工人。文革末期，汪洋進入宿縣地區的五七幹校當教員，後任教研室副主任、校黨委委員。1979 年 3 月，他被選拔到中央黨校理論宣傳幹部班政治經濟學專業學習。1981年 10 月，時年 26 歲的汪洋被任命為共青團安徽省宿縣地委副書記。這為以後汪洋的仕途開創了機會。

1984 年，29 歲的汪洋出任安徽省體委副主任，33 歲出任銅陵市長，38 歲出任全國最年輕的安徽省副省長。期間，汪洋在中國科學技術大學管理科學系研究生班在職學習，後獲得工學碩士學位。

由於汪洋在安徽的良好表現，1999 年 9 月，朱鎔基提拔汪洋擔任國家發展計畫委員會的副主任。2003 年 3 月，溫家寶接任國務院總理後，汪洋又被任命為國務院副祕書長，負責國務院辦公廳的日常工作，並兼任國家機關黨組副書記等職。

2005 年 12 月，汪洋接替黃鎮東出任中共重慶市委書記。

2007 年 10 月，汪洋在十七大一中全會上躍升「兩級」，當選中央政治局委員，不久就調任廣東省委書記。

有香港媒體報導，一位退休官員私下透露說：「鄧看出江澤民是個『不成器的東西』，提前敲定胡錦濤接班並給胡勾畫團派班底。」汪洋被宣傳成鄧改革開放政策的實踐者，牢牢地靠住了鄧欽點胡的法統體系。

那時汪洋不染頭髮，保持真實形象，這在中共高層少見，既可見其自信，也可顯其風格。汪洋曾說，「允許改革失敗，不允許不改革」，突顯其膽識過人、敢想敢幹、敢於觸及、突破禁區。

第三節

改革先鋒 江派懼怕汪洋入常

汪洋既是胡錦濤團派嫡系、又是胡的安徽老鄉。《人民日報》社旗下《大地周刊》2009 年底發表文章〈「少帥」汪洋〉指出：「政情人士分析，汪洋曾歷任安徽省副省長、國家計委副主任、國務院副祕書長、重慶市委書記、廣東省委書記，在地方打滾過，也在中央歷練過，既有鮮明的『團系』色彩，又是難得的財經好手，前途無可限量，未來當有想像空間。」

1991 年 11 月 14 日，《銅陵日報》發表文章〈醒來，銅陵！〉，呼籲「向一切僵化、陳腐、封閉的思想觀念開刀」，由此引發了一場全國性的思想解放大討論，成為三個月後鄧小平南巡造勢的前奏。此文正是出自汪洋組織的寫作班子。

1992 年在鄧小平南巡前、江澤民颳左風的鼎盛時期，33 歲就任安徽銅陵市長的汪洋已發出「解放思想」的改革呼聲。

十七大後，胡錦濤調派時任重慶市委書記汪洋接任廣東省委

書記，汪洋一到廣東就再度發起「解放思想」運動，矛頭直指江的政治命根子「三個代表」，並以「騰籠換鳥」改革政策，為胡的「科學發展觀」中「轉變經濟增長方式」做實驗，觸動了江派在廣東的龐大地方利益集團。汪洋當時喊出了「殺出一條血路」的口號。胡錦濤近兩年內三次視察廣東，力挺汪洋和「廣東模式」。

汪洋在以「廣東模式」向薄熙來「唱紅打黑」、「重慶模式」叫板的同時，一方面在廣東圍剿江派勢力，包括江系前廣東省委書記張德江、李長春的舊部，清洗大批政法系周永康人馬、江派廣東幫高官，並把肅貪之火燒向周永康和江澤民情婦、前廣東省委副書記黃麗滿等；另一方面指示廣東媒體揭露上海幫太子黨俞正聲與江的情婦陳至立和兒子江綿恆勾結的貪腐黑幕。

在廣東反腐風暴中 30 個廳官被撂倒，數百名官員被雙規。遭汪洋查處被判死緩或無期徒刑的江系省部級高官包括：公安部長助理、經偵局長鄭少東（出身廣東省公安廳）、最高法院副院長黃松有、廣東省政協主席陳紹基、浙江省紀委書記王華元、深圳市長許宗衡案等人，其中多人參與迫害法輪功。

2012 年 3 月，重慶副市長王立軍逃亡美領館後，導致以「唱紅打黑」挑戰胡、溫、汪洋，意圖進軍中南海的薄熙來垮台，薄的後台周永康面臨落馬，胡錦濤藉此掌控了十八大布局主導權，汪洋以團派領軍人物面目入常是胡錦濤的既定目標，這也同時引起了江系的極大恐慌。

重慶薄熙來黑打之後 汪洋在廣東打黑

早在 2009 年，當溫家寶布署大量查處江派腐敗分子的同時，

汪洋在廣東也積極展開了他的第一次反腐行動。因為廣東深圳一度是江澤民情婦黃麗滿掌控的地方，社會治安很差，黑社會盛行。於是汪洋下令對茂名腐敗窩案進行調查，隨後茂名市委書記、常務副市長、公安局長等重要官員相繼落馬；官方稱茂名腐敗窩案涉及218名縣處級幹部。2011年廣東還查處了中山市原市長李啟紅案，佛山市原市委副書記、政協副主席吳志強案等。2012年1月16日，廣東省委常委、統戰部長周鎮宏被中紀委帶走協助調查。

不過，廣東最大的貪腐案還在深圳。深圳是大陸第一個經濟特區，眾多利益集團在此經營許多年，既有本地勢力，亦有太子黨。很多中共元老的家屬都在此經商，香港富商與中共高層素有往來，深圳與香港關係尤為密切，尤其涉及江派一系列貪腐案。其中，深圳市委書記黃麗滿和她一手提拔上來的深圳市長許宗衡的貪腐案震驚全國。

2009年汪洋沒有把深圳官場清理乾淨。2012年2月，當王立軍、薄熙來因為唱紅打黑走樣而被眾人罵時，汪洋再次在廣東開始了打黑行動。2012年2月，汪洋提出在廣東開展「三打兩建」行動，即打擊欺行霸市、打擊製假售假、打擊商業賄賂；建設社會信用體系、建設市場監管體系，被稱為廣東式打黑。「三打兩建」旨在查處當地利益鏈、保護傘，清洗官場。

有消息稱，除了媒體公開報導的謝鵬飛、危金峰之外，深圳已有100多名官員涉及不同貪腐案件被雙規，其中包括深圳常務副市長呂銳鋒，原副市長梁道行及其祕書；廣州也有200多名官員被拿下。據報導，當時被抓捕的以科級和（副）處級幹部居多，涉及領域以國土規畫、建設和醫療等為主，而此前廣東已在法院

體系「掃掉」了一批官員。

大陸媒體公開報導的汪洋、王榮之爭

2012 年 5 月 11 日《第一財經日報》刊登題為「汪洋批深圳改革：燃燒歲月的激情越來越淡漠」的報導披露，在中共廣東省第 11 次黨代會上，汪洋批評深圳若不堅持市場經濟改革，優勢將不能保持。他說：現在深圳的部門越來越多，法規越來越健全，但是「燃燒歲月的激情越來越淡漠」。

不過同日的《南方都市報》，卻以「深圳探索公立醫院交社會管理」為題，報導深圳市委書記王榮對汪洋批評的尖銳反駁。王榮是江澤民妻子王冶坪的侄兒，是 2009 年當胡溫懲治許宗衡時，從江蘇即刻空降到深圳的。當被問及「深圳改革銳氣是否不敵當年」時，王榮說：深圳作為一個經濟特區，始終充滿改革的銳氣，「我們不認同近年來改革的銳氣下降這種說法……如果說當年的改革僅僅需要勇氣，今天的改革還需要智慧。」

同一天內，汪洋與王榮就深圳的改革銳氣發生激烈交鋒，顯然不同尋常。按照中共官場的潛規則，上級官員對下級官員的工作即使有所不滿，也不會公開發難，除非這種不滿與矛盾公開化，否則都是私下提意見。類似汪洋這樣不留情面地公開批評實在罕見，而王榮如此以下犯上公開頂撞也是難得一見。

王榮以深圳市委書記的下級身分，公開反抗上級省委書記汪洋，可謂少見的「大膽」，這在廣東官場還從未出現過。汪洋官階高王榮二級，公開場合尖銳批評深圳不改革，不給深圳市委面子，也是歷屆省委書記沒有過的「直率」。其實，這些所謂的大

膽和直率背後，是江胡鬥的結果。

祕聞：廣東省黨代會上汪、王舌戰

其實，在老百姓不知道的背地裡，汪洋與王榮發生了更激烈的衝突。2012 年 5 月 8 日至 14 日，廣東省召開第 11 次黨代會，王榮和汪洋在會上上演了一場口舌之戰。

5 月 9 日，汪洋到深圳組討論「省委工作報告」，汪洋開口就衝王榮說：「我是不請而到，王榮同志能原諒。我不習慣講空話、講套話，空談要誤大事。深圳近幾年的發展，講真話，就是不進則退、在吃老本，老本是有底的，是要吃空的，省委很擔心這樣下去怎麼辦？中央更擔憂優勢不斷失去，深圳往何處去？市委領導要認真、有承擔來對待深圳特區走向問題，不要虛度光陰、不要依賴中央和省委新的特惠政策，不要期待不切實際的機遇會降臨。我要批評和忠告深圳空的、形式的、不符合實際發展的搞得太多，這就是內耗、折騰。深圳今日還有多少優勢，我看差不多接近零，這是十萬火急警訊。深圳的部門愈來愈多、法規愈來愈健全，但燃燒歲月的激情愈來愈淡漠，問題就在一、二把手身上。」

會上王榮、市長許勤即時反駁。王榮譏諷道：「論空話、論套話、論口號式改革，我甘拜下風，期票我確不敢亂開、多開，退票、壞帳就是內耗、折騰。假如我離開深圳，不能學以往把積壓的問題、欠帳留給接任班子。深圳的發展、改革是離不開全國大氣候、廣東中氣候，客觀上深圳的改革向縱深發展難度愈大、層面愈廣、阻力和影響愈多。」

據悉，2009 年 12 月王榮上任後不久，《羊城晚報》和深圳《晶

報》報導，深圳多次發生學生遭綁架的消息，牽動萬千家長的心，但市政府一直沉默，記者就學生安全問題設法採訪王榮代市長，卻遭到深圳市政府辦公廳婉拒，以及警察、保安驅趕。

2012 年初，省委在討論布署「打黑除惡」會議上，汪洋對深圳市委下達指標：要求在上半年要有三個大下降，改變深圳形象。分別是：一、惡性刑事案件下降 30％；二、黑惡勢力作案案件下降 50％；三、黃賭毒案件下降 40％。要打破深圳社會治安秩序老大難枷鎖，若能辦到，汪洋表示：「向中央政治局為你（指王榮）慶功，請老書記張高麗一起為你慶功。」

王榮隨即頂撞：「開指標、寫保證都易，深圳情況複雜是超越市、省地區。黑惡勢力問題是老大難問題，問題難在通天，我提一個請求：省委、省政府、省紀委指導、幫助解決通天『要塞』我才能作出承諾。」

王榮這番話，與其說是在拿出其通天的大後台來壓汪洋，不如說是在揭中共的老底：很多貪腐大案都是通天的，貪腐涉及的往往是最高層的中央領導，例如賴昌星案涉及賈慶林，鄭少東案涉及周永康，深圳的很多案子都跟李長春、張德江、江澤民等人直接相關，汪洋你敢管嗎？何況汪洋你自己清白嗎？

不過隨著習近平的反腐一步步逼近江澤民，王榮也面臨被查的危險。2015 年 3 月 26 日，王榮被撤銷深圳市委常委，調任閒職：廣東省政協主席。在政協落馬官員算是比例很高的。

廣東削藩 意在架空中央政法委

據大陸《南方都市報》記者統計，除了廣東省公安廳長不再

兼任政法委書記，廣東地方換屆後，有21地市政法委書記全都不再兼任公安局長，改由一名政府副市長兼任。

台灣《中國時報》引述熟悉內情人士指，這並非是廣東省委書記汪洋繼烏坎村事件後另一創新，而是北京在薄熙來案後的另一舉措，從削弱各級政法委書記，由下而上架空中央政法委書記部分實權，「以達削藩與抑制中央政法委權力一舉兩得之效。」

中共政法委在1998年前，並不是一個引人注目的機構，在相當長時期內，中央政法委書記甚至連政治局委員都不是，更沒有專職負責政法系統的政治局常委。自1999年江澤民發動鎮壓法輪功後，江硬把政法委書記羅干、周永康先後塞進了十六大、十七大政治局常委會，隨後，政法委權力急劇膨脹，被打造成「獨立王國」、「第二中央」，成了周永康、薄熙來在中共黨內的禍亂之源，使胡溫長期處於「政令不出中南海」的困局。

中共中央政法委書記在目前九常委中排名最後，但絕非虛職，周永康、羅干以「維穩」為名，讓主管公檢法、武警、國安的政法委權力無限制擴大，預算達7000多億人民幣，比國防預算足足多出315億。在「穩定壓倒一切」方針下，政法委可動用的資源，絕非其他八常委能比擬。

各地政法委書記多兼任公安局長，可直接調動武警、公安抓人，加上各級政法委書記都直通中央政法委，等於對內維穩可繞過省市黨委、政府主管領導，直接下令作惡。

汪洋雖然在十八大沒有進入政治局常委，但他2013年3月任國務院副總理，還兼任中央農村工作領導小組組長。習近平也一直對他比較重視。

第七章

汪洋推改革對陣江派

中共十八屆政治局委員汪洋年輕時因為其改革思路與政績突出，先後被鄧小平、胡錦濤看好，雖然十八大未能入常，仍然被習近平、李克強委以重任，擔任了多個中共黨內和國務院關鍵部門的主管，而汪洋也不負使命，繼續協助習當局推進改革。

汪洋是中共體制內的改革派，受到習近平重用，地位逐漸上升。
圖為 2013 年 7 月 10 日汪洋出席華府中、美第五輪經濟對話。（AFP）

第一節

汪洋幫李克強擬改革方案

近年來草擬改革方案的汪洋（後一），
是李克強最重要的助手。（Getty
Images）

　　1955 年出生的汪洋，不但是鄧小平看中的「娃娃市長」，
也是胡錦濤竭力栽培的團派大將，同時也是習近平信任的改革大
將。儘管十八大汪洋未能進入政治局常委，但兩會上他升任中共
國務院副總理，名義上分管農業、水利、防汛抗旱、扶貧開發、
商務、旅遊，但實際情況並非這麼簡單。

　　2013 年北戴河會議期間，一位接近中共高層的北京消息人士
告訴《新紀元》：「作為李克強最重要的助手，汪洋正在草擬改
革方案。他對未來的設計，大概能夠從廣東的一些做法上看出端
倪。包括順德搞的『政府大社會』試點。汪洋把小政府加了一個
『強政府』作為點綴，但其意並未改變。就是減少政府部門對社
會事務和經濟事務的干預。」

　　汪洋過去一年來低調籌畫，但他的「改革」路線圖已經出現
了很多反對聲音。左派的反對最重要的是質疑「如何體現黨的領

導」？社科院一位著名左派，已經給習近平上萬言書，批判李和汪的做法「將導致共產黨的領導被大大削弱」。

2012年兩會記者會上汪洋認為，姓資姓社不重要，關鍵是要為百姓服務，他認為，改革「首先是要從執政的黨和政府頭上開刀」。

他還說：「追求幸福，是人民的權利；造福人民，是黨和政府的責任。」「必須破除人民幸福是黨和政府恩賜的錯誤認識。」這些話語讓汪洋在中共內部被貼上了「改革先鋒」的標籤。

2012年汪洋打著「小政府、大社會」旗號，在廣東最先試點行政體制改革，放寬民間組織，警車開道護航數百民工遊行討薪，默許數千村民大規模遊行示威，暫停新聞禁令，樹立烏坎村民選模式等。

雖有許多平民百姓讚揚汪洋身為中共中央頂層高官，敢於顛覆迂腐刻板的現實環境、坦誠說話，這是格外需要勇氣的。但也有人批評汪洋光喊空洞口號，如「幸福廣東」，「騰籠換鳥」等，實幹性較低，他離任時，廣東的「血汗工廠」，「外地奴工」和黑社會猖獗問題都沒有解決。

在中共目前的體制下，所有改革都無法迴避「姓資姓社」的意識形態阻力。李和汪的改革設計，必定面臨巨大的黨內反彈。重要的是，左派可能會和既得利益的地方政府、部委、央企及大型企業聯合，反對這種改革。

一位廣東分析人士表示：在低增長的時代進行大規模改革，接近「零和遊戲」，這種利益再分配，將必然觸及原有的獲益者。可以想見，抵觸李汪改革的勢力將非常之大。

2013年8月，接近汪洋的一位消息人士告訴《新紀元》，「汪

洋最近兩個月非常難過」。

助李克強反擊 汪洋南下會胡春華

據大陸官媒 2013 年 9 月 9 日報導,「第九屆泛珠三角區域合作與發展論壇」在貴州省貴陽市開幕,時任中共國務院副總理汪洋前往出席,並會見前來參加論壇的廣東省委書記胡春華等泛珠江流域九省區代表及港澳行政首長。

據悉,泛珠三角區域合作,又稱「9+2」,包括泛珠江流域的廣東、廣西、福建、江西、湖南、海南、四川、貴州、雲南九省及香港、澳門。泛珠三角區域擁有中國大陸五分之一的國土面積,三分之一的人口及三分之一以上的經濟總量,是中國國內規模最大的區域合作組織。

有觀察人士表示,從粵港經濟的「珠三角」,到珠江紐帶「9+2」省區的「泛珠三角」,區域合作都是廣東省牽頭,當年任職廣東省委書記的汪洋,被視為幕後推手,汪洋此番前往胡錦濤的地盤貴州,出席泛珠三角區域論壇會議,其實也是對李克強經濟改革的遙相呼應。

廣東繼續清洗江派

在汪洋出任廣東省委書記之前,廣東官場一直被江派人馬把持。到 2007 年 12 月,汪洋到任廣東後,開始清洗江派勢力。幾年時間內,廣東官場地震不斷,江派人馬一一遭到清洗,至 2012 年底,胡春華接任廣東省委書記一職時,廣東已成團派「根據

地」。

49 歲的胡春華被看作是胡錦濤的親信和改革派人物之一。此前有消息稱，習近平、李克強曾於 3 月面會胡春華。習、李要求新任廣東一、二把手胡春華、朱小丹繼續汪洋的「任務」，進一步清洗江派在廣東的勢力。此後，4、5 月份即有兩名省人大副祕書長陳華一、李珠江被查。

據香港媒體報導，受命繼續清洗「任務」的胡春華，上任僅九個月已受到 15 次安全攻擊和郵件恐嚇。據報，總參已為胡春華提供四名一級特警作隨行警衛。政法委書記孟建柱責令省保衛處負全責。

有觀察人士認為，汪洋在數年前力主推動的泛珠三角區域合作論壇，不僅是對目前李克強經濟政策的支持。汪洋此次再度前來，也可被認作是對其繼任者、另一位團派幹將胡春華的支持。

汪洋受習近平重用

2013 年 11 月中旬，習近平會見到訪美國前總統克林頓時，表露出以進一步的全球性經濟融合，抵銷地緣政治方面的緊張因素，重點是通過新模式經貿往來，緩和與美國的關係。外界分析認為，這意味著習在某種程度上認可了汪洋的對美策略。

汪洋是胡錦濤團派的得力幹將，深受胡錦濤、溫家寶的器重，被看做是中共體制內的改革派。有報導稱，十八大後，習近平欣賞汪洋，汪洋也在多次發言中挺習近平。汪洋任副總理後，在涉外活動中多次代表習近平，外界解讀，汪洋受到習近平重用，地位逐漸上升。

2013 年 9 月 4 日，汪洋受習近平委託，出席在俄羅斯聖彼得堡的中國電影節開幕式並致辭。9 月 5 日，習近平攜汪洋出席了 G20 峰會。會前，習近平還與汪洋、王滬寧、栗戰書、楊潔篪、周小川等出訪了土庫曼斯坦、哈薩克斯坦、烏茲別克斯坦、吉爾吉斯斯坦等國家。

2013 年 7 月 10 日，中、美第五輪經濟對話在華盛頓開幕，汪洋作為習近平的特別代表出席對話。

2013 年 3 月和 5 月，汪洋也參加了外事活動。

汪洋曾大戰劉雲山

在一次政治局會議上，副總理汪洋等人提出，總書記習近平提出的「兩個互不否定」，原意是為了超越左右，團結一致向前看，但在宣傳的過程中卻過火了，尤其是掀起「反憲政風暴」，被外界解讀為「左派回潮」，影響了海內外對新一屆中央集體的觀感。

政治局常委劉雲山等在會上辯稱，過去半年「牢牢掌握了意識形態工作的主導權」。

此後，江派在黨內外不斷發起針對汪洋的攻擊，據說政治局會議爭吵不斷。

第二節

汪洋將取代張高麗

汪洋（左）在擔任國務院副總理後，其分管的領域就不斷擴展。輿論普遍認為他將在下屆人事動向中晉升政治局常委，接替張高麗（中）擔任第一副總理。（AFP）

張高麗汪洋後台都硬

2012 年重慶事件發生後，周薄計畫推翻習近平的圖謀曝光，習近平與胡溫結成聯盟，與江派之間的關係緊張對立。為防止周永康等江派「魚死網破」，影響十八大權力交接，最終只有接受江派背景的張德江、劉雲山、張高麗十八大進入政治局常委會。當時的熱門人選汪洋未能入常，成為十八大政治局委員，出任國務院第三副總理，這樣的人事安排完全是胡錦濤的布局。

與江澤民關係密切的張高麗石油系統出身，是曾慶紅和周永康代表的石油幫的一員。在其擔任一把手的山東和天津，政風都以左傾著稱。據報，張高麗因在廣東緊跟李長春而被重用，後到深圳深受江澤民信任而獲連升，成為江澤民的人馬，同時得到曾

慶紅和周永康的關照和提攜。

原廣東省委書記汪洋則不但獲得胡溫支持，和李克強的關係也相當不錯。一位接近某廣東省委常的人士曾透露，北京有一批「左派」對汪洋非常「不感冒」，當年汪洋的「幸福廣東」和薄熙來唱紅打黑的「重慶模式」不斷發生意識形態上的衝突。

張汪鬥鬧翻國務院

汪洋和張高麗各自代表自己的派系，後台都很硬，各不服氣，互不買帳。港媒稱，張高麗和汪洋自從新屆國務院領導班子產生後，一年多時間二人從「兩會」分組到地方考察工作，從國務院國務會議到國務院召開部委辦會議上都互相「較勁」，互翻老帳，會下又策動、授意屬下部門搞連署向中央政治局、國務院、中紀委反映、舉報舊事。

報導說，汪洋指稱張高麗的大學學歷是虛的，還揭張在 80 年代中期任茂名市委副書記、中石化茂名石油工業公司總經理期間生活靡爛，被告到廣東省委。又披露張高麗在茂名、深圳、廣州、濟南各有一幢別墅，直至 2012 年 7 月才上交茂名、廣州二幢，深圳、濟南二幢改名過戶給了家屬。

此外，汪洋在 2013 年 7 月、9 月、11 月和 2014 年 3 月初國務院會議上批評張高麗。2 月下旬，汪洋在主持國務院部委主要負責人會議上稱，「天津市已欠下五萬多億債務，實際上已經破產，今天要追究也晚了，天津子孫後代是要承受這筆人為債務」等。

張高麗也不是好惹的人物，2014 年「兩會」期間，張在山東省、江蘇省、湖北省、天津市人大分團會議上講話，多次提到廣

東省經濟建設問題，並拿出胡春華與汪洋作對比，通過吹捧胡春華攻擊汪洋要為廣東問題負責等。

張還在中共政治局會議上多次提出動議，攻擊汪洋。

農村工作組長 輔助李克強推進「城鎮化」

據大陸「觀察者」網 2014 年 7 月 9 日報導，中共黨政領導幹部資料庫信息顯示，「中央農村工作領導小組組長」由中共國務院副總理汪洋兼任。在本屆國務院領導層分工中，汪洋分管「三農」和對外經貿領域。

中共中央農村工作領導小組是中共領導農村工作、農業經濟的議事協調機構，按照慣例，中央農村工作領導小組組長由分管農業的副總理兼任，溫家寶最初進國務院時就曾擔任此職。

此前 2013 年 6 月，汪洋兼職出任中共國務院扶貧開發領導小組組長，國務院副總理馬凱任農民工工作領導小組組長。

汪洋擔任「中央農村工作領導小組」組長，最重要的任務就是在城鎮化的整體布局中扮演「決策角色」，而城鎮化是當下李克強在解決城鄉二元結構方面最為關鍵的舉措。圍繞農村問題在中共國務院高層，李克強、汪洋，加上馬凱，已隱然形成核心三人圈，而江派背景的常務副總理張高麗被晾一邊。據稱，習近平陣營代表人物汪洋和江派常委張高麗自從新屆國務院領導班子產生後，一直在各種場合相互揭短、翻老帳，鬧翻國務院。

此前汪洋擔任廣東省委書記期間也曾圍剿江派勢力，包括江派政法系周永康人馬、前廣東省委書記張德江、李長春的舊部。汪利用前中國首富黃光裕案，清洗大批周永康人馬、江派廣東幫

高官，並把前公安部長助理鄭少東拉下馬。此後汪洋又向周永康和江澤民情婦、前廣東省委副書記黃麗滿等開刀，打掉了黃麗滿的心腹、深圳原副市長梁道行。

三峽驗收 比張高麗更有實權

另據官媒報導，經過 20 年耗巨資建設的三峽工程「整體竣工」驗收前，2014 年 6 月 24 日上午，汪洋首次以國務院長江三峽工程整體竣工驗收委員會主任身分在媒體上亮相，「布署安排三峽工程整體竣工驗收工作」。

2013 年 8 月 28 日，三峽工程建設委員會正式成立，汪洋與另一個副總理張高麗同時添新職，張高麗任主任，汪洋任副主任。涉嫌江澤民家族腐敗的三峽工程由曾經大力清洗廣東江派勢力的汪洋負責驗收，而中共江派常委張高麗則明顯被架空，釋放的信號耐人尋味。

三峽工程歷經 20 年，該工程長期以來在移民、拆遷、生態環境等方面的譴責之聲不斷。審計署公告顯示其建設過程中的違規資金達到 41 億。三峽工程當時由江澤民和李鵬主導，外界一直盛傳江澤民家族涉其中貪腐。2003 年，李鵬在其《三峽日記》中透露，自 1989 年後，三峽工程的重大決策都是由江澤民主持制定，將江澤民拋出。

近年來，有關三峽工程中存在的貪腐黑幕開始被海內外媒體揭開，中共中央第九巡視組通報又把三峽集團存在招投標暗箱操作、選人用人工作等突出問題提到了公眾眼前，使得輿論界對三峽工程腐敗黑幕的關注熱情迅速暴漲。

汪洋身兼多職 未來必將走紅

據公開信息顯示，中共十八大以來，汪洋已經公開的兼任職務包括：國務院扶貧開發領導小組組長、全國打擊侵犯知識產權和製售假冒偽劣商品工作領導小組組長、國務院抗震救災指揮部指揮長、國家防汛抗旱總指揮部總指揮、全國綠化委員會主任等。

2014 年 7 月 9 日至 10 日，第六輪中美戰略與經濟對話開幕式在北京舉行。汪洋作為中方主要負責人，與美國國務卿約翰·克里進行了會談。據說中方強調中美兩國要塑造新型的大國關係，而克里則罕見直言：新型大國關係不能只說不做。

海外有評論分析稱，從汪洋目前的任職，以及對當下習近平在全國範圍內推行的反腐、整風、改革政策，與汪洋當年執政廣東時有很大的「共性」，可以說在政綱上，習近平和汪洋是「一路人」，以此可以推斷，未來汪洋的仕途仍然會穩中求進。很多人斷言汪洋在中共政治格局中扮演的角色將不可小覷，「未來必將成為紅人」。

入常成定局 汪洋多次稱將接替張高麗

2015 年 11 月《動向》雜誌報導稱，中共副總理汪洋被任命為中央扶貧領導小組組長後，在廣東、重慶、安徽等地向當地高層披露，習近平當局給他「壓擔子」，配合中共「十三五」規劃，接替張高麗務副總理的職務，「我不知能否勝任，要靠大家協助支持」。

當局發布的消息還指，扶貧開發領導小組成員的部門擴大到

37 個中共黨政軍部門，成員從原來的 28 人增加到 37 人。

有分析認為，其一，習近平傾注精力最多的即是「扶貧」，此番重磅擴編「扶貧系」人員已有「放手一搏」的意味；其二，汪洋被外界指是中共為數不多的「改革派」，中共十八大後，汪洋於 2013 年 3 月出任中共副總理，並繼續得到習近平的重用，監管多個重要領域。而此次扶貧開發領導小組人員調整，汪洋繼續擔任組長，則被外界視為十九大「入常」的強烈信號。

中共十八屆五中全會前夕，外界盛傳中共高層將在此次會議期間有眾多高層人事變動及布局，包括將討論下屆中共政治局常委人選，其中汪洋將出任下屆中共政治局常委、任常務副總理，接替張高麗的職務。

汪洋被指是中共的「改革派」，在胡錦濤時期，曾得到胡錦濤、溫家寶的重用。中共十八大後，汪洋繼續得到習近平、李克強的重用，出任副總理後，不但分管農業、水利、旅遊、商務、防汛抗旱、扶貧開發等，還負責處理對外經貿事務。

此前，2015 年 6 月《動向》雜誌報導稱，汪洋目前在惡補英語，每周要學 12 小時。現在汪洋甚至在和同事交談時，也常常突然加插幾個英語單詞。他本人還曾無意中透出口風說：「不能不學，下屆外訪任務多，不掌握一、二門外語不方便。」

《世界日報》也刊文指，汪洋在擔任國務院副總理後，其分管的領域就不斷擴展，近年來他外訪的次數較之以往也明顯增多。輿論普遍認為他將在下屆人事動向中晉升政治局常委，接替張高麗擔任第一副總理。

第三節

汪洋主管外貿　妙語頻出

2016 年 6 月 7 日汪洋（右）與美國國務卿克里（中）及財政部長雅各．盧（左）在北京美中戰略與經濟對話閉幕式上。（AFP）

以「男女朋友」比喻中美關係

2016 年底，汪洋接替張高麗的趨勢更明顯。

第 27 屆中美商貿聯委會於 2016 年 11 月 21 日至 23 日在美國華盛頓舉行，汪洋率領中國代表團出席。這是美國大選後中共訪美最高官員。

在中美工商界午餐會上，汪洋發表了演講。汪洋指，中美商貿聯委會成立三十多年，每屆的背景都不同。現在大家都關心美國新一屆政府的對華經貿政策取向，以及中美經濟合作的前景。

川普在競選期間多次提到中國貿易的影響，稱要在上任後將中國列為貨幣操縱國，並對中國產品課徵 45％的高關稅以保護美國產業。

汪洋表示，對川普新政府的政策「拭目以待」，又稱感受到

美國工商界的熱情沒有改變，中美經貿合作「前景一定看好」。
汪洋重複習近平的話說，作為兩個負責任的大國，「合作是中美
唯一正確的選擇」。

中共官媒報導說，在演講中，汪洋以「男女朋友」比喻中美
經貿關係：「中美經貿關係愈密切，分歧和摩擦也就愈多。有時
候你愈在乎對方，可能就愈容易吵架。如果不吵架了，那意味著
對彼此失去了信心，離分手就不遠了。」

汪洋訪美低調有原因

外界注意到，汪洋美國之行，所言所論都一派官方口吻，其
平淡表現和三年前形成對比。

2013 年 7 月 10 日，第五輪中美戰略與經濟對話在華盛頓開
幕。中共副總理汪洋在致辭中談到中美經濟關係時，將之比喻為
夫妻關係，又以傳媒大亨默多克與其華裔妻子鄧文迪一事開玩笑：
「我們兩家不能走離婚的路，像鄧文迪和默多克，代價太大了。」
此舉廣獲當地傳媒好評，大讚其「風趣幽默」。不過回到國內，
其涉嫌「親美」言行，被江派攻擊為「用詞不當」，不過此後汪
洋的出行並沒受到影響。

2013 年 12 月 20 日，第 24 屆中美商貿聯委會在北京開幕，
在當日中午的歡迎宴會上，汪洋在祝酒詞中特意向美方推薦了三
道菜，第一道菜名是大豐收，第二道菜叫比翼雙飛，第三道菜是
麻婆豆腐。汪洋稱，麻婆豆腐「這道菜有些燙嘴，吃起來要小
心。」汪洋希望美國朋友對中美經貿合作中的問題和分歧，有更
大的耐心。

2014 年 12 月 17 日，第 25 屆中美商貿聯委會會議（JCCT）在美國芝加哥舉行，中方由汪洋帶隊參加。在當天下午的會議上，汪洋罕見發表驚人言論：「中美是全球經濟的夥伴，但引領世界的是美國。美國已經主導了體系和規則，中國願意加入這個體系，也尊重這個規則」，「中國沒有想法、也沒有能力挑戰美國地位」。此番對美「示弱」言論一出，引發輿論熱議。

不過 2016 年底訪美，汪洋很謹慎低調。分析認為，中共即將召開十九大，各方都在小心翼翼中沉默，汪洋也一改高調作風，因為現正是關鍵時刻，進入權力核心只差一步，謹言慎行最為妥當。

外界普遍認為，若不出意外，汪洋將在十九大成為政治局常委。汪洋曾受胡錦濤、溫家寶重用，在任廣東省委書記時，汪洋與江派「未來之星」薄熙來針鋒相對，並清洗了大量江派人馬，十八大後，汪洋繼續受習近平重用，已兼任多個國務院系統領導小組負責人職務。

從習近平的外交首秀出訪俄羅斯時帶上汪洋，到 2014 年習近平到澳大利亞出席 G20 會議，順訪澳大利亞，汪洋隨王滬寧、栗戰書一起在列。汪洋也經常接見不同國家的到訪者。他也親自到不同的國家出席各種外交活動，被認為是這一屆政府非常重視的經濟外交的踐行者和掌門人。

尤其 2016 年 9 月 G20 杭州峰會期間汪洋的角色吃重，不僅作為習近平的六人智囊團成員緊隨習的左右，而且還陪同習近平會見美國總統奧巴馬。此前汪洋透風他在拚命學外語，其十九大接任張高麗、出任常務副總理幾乎已成定局。

第八章

胡春華進軍習中央常委

胡錦濤曾有意培養胡春華做隔代接班人，後者也先後被胡、習當局委以要職，然而這位中共最年輕的高級幹部卻命運多舛，主政西藏、內蒙時，遭遇處理少數民族抗暴事件，主政河北又遇到三鹿毒奶粉事件，由此為他進階中共政治局常委蒙上陰影。

胡春華（中）被看作是胡錦濤（左）的親信和改革派人物之一，也被習近平（右）委以要職。（Getty Images）

第一節

西藏三進三出

　　十八大前，胡春華是內蒙古自治區黨委書記，當時才 49 歲，屬中共 60 後幹部，與習近平相差整十歲，正好形成接班梯隊。胡春華先後在西藏任黨委副書記，共青團中央書記處第一書記、中共河北省委副書記、副省長、省長，中共內蒙古自治區黨委書記等職務；同時他先後四次在共青團任職，是胡錦濤最理想的接班人之一。

　　胡春華的從政經歷創造了中共政壇的多項紀錄，被稱為是真正的「史上最牛」官員。胡春華被看作是胡錦濤的親信和改革派人物之一，因和胡錦濤同姓並有著相似的團派政治背景和西藏經歷，因此，胡春華也有「小胡錦濤」或「小胡」之稱。

　　有媒體總結如下，他於 1990 年 2 月，不足 27 歲的年齡，出任副廳級官職的共青團西藏自治區委副書記（實際上 24 歲就官拜副廳級，因太年輕直到 27 歲，組織部才正式給予副廳級待遇）；

1997 年 12 月 34 歲時，升任副部級的共青團中央書記處書記、兼全國青聯副主席；2006 年 11 月 43 歲的他，晉升為正部級官員，出任共青團中央書記處第一書記；2008 年 4 月，45 歲的胡春華成為當時中國最年輕的省長。2009 年 1 月 24 日，成為內蒙古人大主任。2009 年 11 月胡春華接替儲波任內蒙古自治區黨委書記。

貧困出身 吃苦好學

胡春華 1963 年 4 月生於湖北省宜昌市五峰土家族自治縣漁洋關鎮馬岩墩村的一個農民家庭，小名紅兵，但胡春華原本並不姓胡，而是在兒時轉隨母姓。

胡春華的父親名為王明俊，母親名為胡長梅。王家有七兄弟姊妹，胡春華排行第四。胡春華原姓王，上小學時，18 歲的大姊突然病逝。王明俊為了安慰妻子，讓老四王春華轉隨母姓，改名為胡春華。

據官方資料稱，胡春華家境貧困，讀初中離家四公里，讀高中離家 6.5 公里，胡春華都是走讀，腳板上的繭有銅錢厚，穿爛的草鞋有一大堆。但胡天資聰慧，成績優異。或許正是這樣的從小生活磨礪，為「苦水中泡大」的胡春華有把握選擇從西藏開始打拚，並取得成功。

1979 年夏，胡春華以全縣文科「狀元」考取了北京大學，成為五峰第一個考入北京大學的學生。收到錄取通知後，他背上背簍、撮箕和鍬，到一個水電站工地背河沙。一個暑假，掙下 100多塊錢。加上父親東家挪、西家借，才湊齊路費和學費。

成功的西藏仕途戰略

1979 年 9 月，16 歲的胡春華走進了北京大學中文系，是班上年齡最小，個頭也最小的學生。天資加勤奮，使他學習成績在全班名列前茅，被評為應屆優秀畢業生。據說官方本來決定他留在北京工作，但胡春華選擇遠赴西藏。

有分析認為，胡春華的選擇看似「傻」氣，但卻非常智慧。對於像胡春華這樣的沒有任何背景的農村人，要想在北京的官場混出名堂，難度太大。而胡春華自比官家子弟的優勢就是不怕吃苦，意志堅強，加上高智商，高學歷，在人才奇缺、經濟落後的少數民族的地區，得以重用的機會很大。

果然，西藏也真的成為胡春華的仕途大本營，小胡三進三出，直到成為西藏的一把手，這樣的經歷也與平民出身的胡錦濤的路線圖如出一轍。1988 年末拉薩發生藏獨示威，西藏主政的是胡錦濤，胡春華則被調任其聯絡員。大、小「二胡」在西藏密切共事，胡錦濤被中共元老欽點為第四代領導核心後，胡春華仕途也一帆風順，先後出任團中央書記處書記、西藏區委副書記、團中央第一書記，2008 年出任河北省長，2009 年任內蒙一把手，成為政壇明日之星。

二進二出 19 年西藏打拼之路

有媒體報導，胡春華在西藏工作期間，穩重、持平、愛下基層、精明能幹、辦事能力極強，而且能說藏語、跳藏舞。胡春華的這個本事，在當今中共高層中恐怕難以找到第二位。

1983 年 8 月，胡春華來到拉薩。最初他被分配到西藏自治區團委任幹事，主要負責抄寫校對文件。胡春華在西藏的同事向記者回憶：「他做事很認真，每天都第一個到辦公室擦桌掃地。」

一年後，他調入拉薩飯店，歷任飯店人事部副經理、黨委副書記兼人事部經理等職。一位飯店老員工告訴記者：「那時的拉薩飯店投資約一億元，有 700 名員工，但由於種種原因，開業不久便全面癱瘓。出任人事部經理的胡春華，改組了飯店的管理結構，使飯店面貌一新。」

1987 年 8 月，年僅 24 歲的胡春華出任西藏共青團委副書記。消息人士說，由於當時他實在太年輕，並未相應地把他提拔為副廳級，仍是正處級。直到 1990 年 2 月，胡春華的級別才變為副廳級。但當時不足 27 歲的胡春華，仍是當時全中國最年輕的副廳級官員之一。

1988 年到 1992 年底的這段時間，擔任中共西藏自治區委最高領導的，正是也曾擔任過共青團領導的胡錦濤。1988 年末，時任中共西藏區委書記的胡錦濤指揮鎮壓藏獨示威時，把胡春華調到身邊工作，擔任聯絡組成員，直至 1992 年胡錦濤升為中央政治局常委，小胡也成了大胡的心腹。

1992 年 3 月胡春華獲得外放機會，到西藏林芝地區行政公署任副專員（相當於副市長）；九個月後，便升任西藏共青團委書記，29 歲的胡春華成為最年輕的正廳級官員。

1995 年 7 月，胡春華再次到地方政府工作，任西藏自治區山南地委副書記、行署專員。胡春華在 1996 年 9 月到 1997 年 7 月間，回到北京，在中共中央黨校培訓部一年制中青班學習。畢業後不久，便升任山南地委常務副書記（正地級，主持地委工作），

而一個月後，1997 年 11 月胡便調回北京工作。從而結束了他在西藏工作的第一階段，共 14 年。

1997 年 12 月，胡春華被安排進入共青團中央，出任書記處書記兼全國青聯副主席。34 歲的他又成為全中國最年輕的副部級官員之一。在這個職位上，他幹了三年，期間再次到中央黨校研究生院在職研究生班世界經濟專業學習。

三年之後，胡春華二進西藏。2001 年 7 月起，任西藏自治區黨委常委、祕書長兼自治區直屬機關工委書記，2003 年 3 月任西藏自治區黨委副書記、自治區常務副主席，2005 年起任黨委常務副書記、自治區常務副主席，區委黨校校長。

第二次進藏，從 2001 年到 2006 年，又經過五年的歷練。加上第一階段的 14 年，胡在西藏實際已打拚了 19 年，此時胡春華離西藏一把手僅一步之遙。2006 年 12 月，胡春華又調回共青團中央，接替周強出任團中央第一書記。

「嫡出」團派接班人

雖然胡春華仕途上屢當「第一」，但在近五任團中央第一書記中，並未創造「第一」。從 1984 年 12 月至今，歷任團中央第一書記分別是胡錦濤、宋德福（已去世）、李克強、周強、胡春華，他們出任團中央第一書記的年齡分別是 42 歲、39 歲、38 歲、38 歲、43 歲，胡春華年齡最大。

2006 年 12 月，43 歲的胡春華成了最年輕的正部級官員之一，也成為這個擁有 7200 萬成員的龐大組織的「一把手」。有「小胡」之稱的胡春華，也自然一度被海外媒體視為胡錦濤的親密接

班人。

2007 年 3 月 17 日，在共青團中央常委擴大會議上，胡春華在共青團「燒了一把火」。他痛斥部分團官員心態浮躁、忙於應酬、誇誇其談、行為張揚，要求團幹部低調做人、少說多幹。其措辭之嚴厲，在共青團領導的講話中，頗為罕見。

遇三鹿毒奶事件　胡春華有驚無險

在團中央書記的位置待了兩年，胡錦濤就把胡春華外放培養。按慣例，中共政治局委員，應當至少在兩個省部級單位擔任過一把手，並且要具體豐富的地方和中央工作經驗。就資格而言，胡春華那時除了西藏外，還需要另一個地方錘煉。

2008 年 3 月，中共中央宣布任命胡春華任中共河北省委副書記；並提名河北省長候選人。4 月，被河北省人大常委會任命為河北省副省長、代省長。

胡春華就職河北不久便發生了李家窪煤礦特別重大礦難瞞報事件，緊接著又發生了震驚全球、影響深遠的三鹿毒奶粉事件，因事件最初被河北省政府掩蓋，胡春華成為媒體和輿論質問和抨擊的焦點，給胡春華仕途第一次帶來衝擊。

2008 年 8 月 1 日，三鹿奶粉確定含有三聚氰胺，合資外商恆天然集團向河北省政府聯繫，要求公開招回三鹿奶粉。政府無回應，外商無奈，於 8 月 5 日求助於新西蘭政府。新西蘭政府於 8 月 8 日下令駐中國大使布朗直接同中共中央政府聯繫，要求召回有毒奶粉。至此三鹿毒奶粉事件才向全世界曝光，舉世譁然。中國食品出口受到沉重打擊，北京奧運花費幾千億元打造的中國形

象受到毀滅性的打擊。

事後胡春華並未受到問責，安然度過難關 2009 年 1 月 12 日，45 歲時正式成為河北省長。又創最年輕的省長紀錄。

胡春華從團中央第一書記空降到河北之後，三鹿毒奶粉事件是其碰到的最棘手事件，雖然他到任時間不長，僥倖逃過問責，但他在處理過程中體現的辦事能力和態度，始終被外界和高層關注。

胡春華過去長期在西藏，其地方工作經驗多是處理民族糾紛和暴力衝突，對於三鹿毒奶粉案中盤根錯節的政商關係，以及地方勢力坐大的政治環境，並沒有特別的經驗。

涉嫌在三鹿毒奶粉案中扮演庇護、瞞報等角色的石家莊前任市委書記吳顯國，就是河北地方實力派的中堅人物，河北民間甚至流傳，此人曾在省委常委會上與胡春華面對面拍桌子，以下犯上，絲毫不給任何顏面。

胡春華上任伊始，便進入河北官場的地雷陣，政治定時炸彈接二連三引爆，使胡春華分身乏術。顯然河北不是久留之地，胡錦濤愛將惜才，趕緊給富有少數民族事務處理經驗的胡春華另謀去處。

僅一年，2009 年 11 月，中共中央調胡春華接替儲波，擔任內蒙古自治區黨委書記；次年 1 月，又接任內蒙古自治區人大主任。

掌內蒙 鬧出民族糾紛事件險失控

胡春華被安排到內蒙古任職，被外界視為避亂且鍍金性質，

但無奈小胡時運不濟，主河北出了「三鹿奶粉」醜聞震驚世界，掌內蒙，偏又鬧出民族糾紛事件。胡春華在內蒙古任職期間，發生了因牧民被卡車軋死的大規模抗議事件。

2011 年 5 月 11 日，內蒙古錫林郭勒盟牧民莫日根企圖阻攔運煤貨車開入草原時被撞身亡，引發民眾長期以來對官商勾結，開發與運輸缺乏規範，嚴重破壞草原生態的不滿情緒和一些遊行抗議。

事件發生後，內蒙古部分地區戒嚴。有報導指出，內蒙古壓死牧民事件本可以通過有效疏導化解，但因胡春華過於偏執於事件背後所謂的「蒙獨」因素，進而施行鐵腕鎮壓。

據知情者說，這本是一起極其簡單的民事經濟糾紛事件，只要加以有效疏導，及時懲凶除弊，就可以化解，但由於胡春華長期在西藏工作，思維受到民族矛盾及「藏獨」的慣性影響，結果誤判形勢，過於偏執於事件背後所謂的「蒙獨」因素，於是小病大醫，施以高壓政策，結果招致蒙民反彈，矛盾進一步激化，抗議半月餘後，事態愈演愈烈，國際社會強烈關注，蒙古民眾愈加心齊，反而倒逼「蒙獨」情緒，迫使胡錦濤急調四個師的兵力入蒙，力行彈壓，才將事態控制住。

第二節

廣東反腐 遭政治陷害

2014 年中國新年期間，胡春華收到來自 22 個地區的郵件近 50 個。中共中紀委已列作有組織策劃對胡春華政治上陷害定性追查。（AFP）

2012 年 12 月，胡春華接替汪洋成為廣東省委書記、中共政治局委員。

廣東一度是江澤民派系的地盤，從李長春到張德江、張高麗，各類腐敗問題層出不窮。胡春華接替汪洋後，繼續執行胡錦濤、習近平的清洗命令，不斷對江派殘餘動手，結果招致多次襲擊。

廣東官場水深 胡春華屢告急

據香港《東方日報》披露，胡春華主政廣東後，發覺廣東官場貪腐問題遠超想像，地方實力派占山為王，各大紅色家族在粵均有代理人與資產，關係盤根錯節，牽一髮而動全身。

胡春華從 2013 年 5 月開始屢向中共中央告急，三度期望中央增派幹部強化權威。香港《太陽報》也報導，自 2013 年 5 月

開始，胡春華就向政治局提出申請，要求中央巡視組盡快到廣東開展巡視工作，協助廣東省委解決受理省領導班子、地廳級領導班子問題的積壓來信、來電、來訪舉報。

習近平欽點工信部副部長馬興瑞南下擔任省委副書記，為廣東領導班子調整做準備。

中央巡視組由廣州軍區派兵守護

香港《東方日報》報導，中共中央第八巡視組進駐廣東後「偵騎四出」，到處拿料收風，當地官場人人自危。巡視組到廣州後，直接入住廣州軍區所屬的珠江賓館，由廣州軍區派兵守護，防止地方官員上門公關和衝擊。

中共中央授權巡視組對廣東省領導班子腐敗人員「先斬後奏」，必要時直接採取組織措施。廣東亦作出規定，凡是副廳級及以上官員因公因私出境出國，均須經廣東省委、紀委審核後，再徵求巡視組意見並上報中組部覆核。

當局採取嚴密審批制度，實際上是為了防止廣東官員外逃。粵官與其他省市官員不同，當中很大一部分既擁有廣東戶籍，又持有港澳身分證，而且裸官不少，這些人隨時可以開溜，為了防止打草驚蛇，必須採取關門打狗之術。

巡視結束後，巡視組向政治局常委會遞交報告，習近平對此表示：「不能讓廣東的經濟發展、改革來掩蓋廣東官場、社會上十分嚴峻的問題。」有消息稱，習近平批示之後，廣東官場的反腐力度與強度將全面升級，一些沉積多年的大案要案將被突破，一些自詡為改革功臣卻與中央唱反調的「元老們」將被整肅。

胡春華 15 次遭襲 再配四名特警

胡春華在粵任職後，放言不「翻燒餅」，將對懲治腐敗始終保持高壓態勢，主政廣東僅八個月，廣東官場已有 20 餘名廳官「落馬」。

據說，習近平、李克強曾於 2013 年 3 月份會面胡春華，提到廣東必須解決三大難題：中共黨的建設和反腐工作；除黑掃黃賭毒；社會治安、商品市場假冒偽劣產品，並稱「這是硬任務，要啃下。」

港媒消息說，胡春華言行表明他對貪污受賄、官商勾結、官黑勾結三個零容忍，然上任僅九個月已受到 15 次安全攻擊和郵件恐嚇。據報，總參已為胡春華提供四名一級特警作隨行警衛。政法委書記孟建柱責令省保衛處負全責。

廣東反腐牽出江派兩常委

廣東由江派的李長春與張德江掌控十多年。1998 年，中共政治局委員李長春被派去廣東任省委書記。李長春上任前，江還專門叮囑：「凡事要同麗滿同志商量」。李長春因此處處謙讓江澤民的姘頭黃麗滿，李長春後來被江在 2002 年 11 月提拔當上了中共政治局常委。黃麗滿則擠進中央候補委員。而江澤民另一位心腹張德江 2002 年接替李長春任中共廣東省委書記，一直到 2007 年才離開。

早在 2006 年 7 月底，港媒就有報導稱，中紀委在廣東的調查組整理了廣東嚴重腐敗調查報告。報告涉及前廣東省委書記李

長春，五年任期內廣東省委、政府接到 3300 封舉報信，但李長春卻不予理睬。

2007 年汪洋主政廣東後，北京開始清洗江派在廣東的勢力。2009 年，廣東官場發生大地震，省政協主席陳紹基、深圳市長許宗衡、原廣東省紀委書記、時任浙江省紀委書記王華元等人因「嚴重違紀」被中紀委革職查辦，原廣東省公安廳常務副廳長、時任公安部長助理鄭少東落馬。

胡春華來到廣東三個月內，江系前常委吳邦國以及曾在廣東主政的前常委李長春和現常委張德江密集到訪廣東，胡春華皆陪同參觀、調研。曾在廣東主政的李長春和張德江都有貪腐等醜聞曝光，而江系新老三常委密集到訪廣東的原因令人猜測。

2013 年中共「兩會」閉幕第二天，深圳市原副市長、黃麗滿的心腹梁道行落馬、被移送司法機關，隨之牽出現任政治局常委張高麗貪腐黑幕。4 月 9 日，官方高調推出深航大案，張德江被暗指為深航幕後老闆李澤源的大後台。5 月 31 日，張德江參加廣東省常委擴大會議，批評廣東省領導班子十大問題，但遭到現任廣東省委書記胡春華、省長朱小丹等人反擊，翻其老底，認為是他主政廣東時所致，氣得張德江當場摔杯子離場，提前回了北京。

中紀委定性胡春華遭「政治陷害」

香港《爭鳴》2014 年 3 月號稱，政治局委員、廣東省委書記胡春華 2014 年中國新年期間收到郵件（包）近 50 個，來自 22 個地區。郵件（包）有名貴「野山蔘」、「蟲草」，有「現金」、「外幣」、「金幣」等。中共中紀委已列作有組織策劃對胡春華

政治上陷害的定性追查。

　　類似情節 2012 年間也出現在賀國強身上。此前有報導稱，2012 年十八大前，身為中紀委書記的賀國強發現其在中國銀行的帳戶上增加了一筆 50 萬現金款項。賀隨即上交，並要求公安部追查這筆款項的來源及動機。

　　有分析指，這兩人或因清洗江派、倒薄等原因遭到政治對手的「報復性陷害」。

第三節

習廢除接班制 胡春華要入常

胡春華挑戰劉雲山 賀衛方廣東講解四中

　　胡春華不但在反腐上積極跟隨習近平、王岐山的步伐，甚至十多次被暗殺威脅也不停步，而且在政治改革上，胡春華也不斷向習陣營靠攏。

　　據南方網報導，2014 年 12 月 10 日上午，大陸自由派學者、北大法學教授賀衛方在廣東報告會上講解中共十八屆四中全會「依憲治國」，有 1000 多省市各級退休官員參加。賀衛方在 12 月 10 日的微博發布演講內容，包括如何落實四中決定等。

　　賀衛方是中國大陸自由派學者的代表人物，曾因提倡憲政遭到中共中宣部的打壓被迫離開北京。賀衛方這個報告會的消息立即在網路炸鍋。

　　時事評論員夏小強認為：賀衛方獲邀講演至少透露了兩個信

息：第一，賀衛方以提倡憲政的學者受邀講解四中全會「依憲治國」，顯示習近平正用憲法的名義進一步清除江澤民集團；第二，胡春華是中共內部具有改革色彩的官員，受到習近平的信任，邀請賀衛方其實是在向一直打壓自由知識分子的江派政治局常委劉雲山宣戰，劉雲山長期把持的中宣部是中共內部極左意識形態的代表，隨著自由派活動空間的擴展，劉雲山的權力將繼續縮水。

習言論頻被過濾 胡清洗江派

此前，習近平相關「依憲治國」的言論頻被劉雲山過濾。四中全會決定起草人之一的胡雲騰曾對陸媒罕見透露，「依憲治國」、「依憲執政」一度被從決定中拿掉。2014 年 9 月 5 日，習近平在中共紀念人大成立 60 周年大會上的講話中重提「依憲治國」，不過 9 月 5 日晚中共新華網發表的習近平講話通稿中，「依憲治國」、「依憲執政」等內容被過濾掉。

2014 年 9 月 9 日，中共人大常委會委員長張德江主持人大常委會委員長會議，「學習」習近平在人大 60 周年大會講話，但之後的官媒報導中，張德江發言也未見提及習近平講話中「依憲治國」、「依憲執政」等內容。中共十八大以來，江派官員密集落馬，江習博弈日趨激烈。掌控中共文宣系統的劉雲山處處與習近平作對。習近平的言論頻被官媒過濾或「扭曲」。

倡導憲政的賀衛方在廣東對上千退休官員的「依憲治國」演講一石激起千層浪，胡春華在該事件中的角色也引發關注。

廣東政壇幫派林立，有「粵府幫」、「客家幫」和「潮汕幫」等。1998 年到 2007 年，江派人馬李長春、張德江長期主政廣東，

本地幫派多倒向江派，廣東成江派一大窩點。團派汪洋與胡春華相繼進入廣東掌控權力後，接力清理江系勢力。

胡春華上任後，廣東官場地震不斷，中共廣東省政協前主席朱明國和廣州市委前書記萬慶良等江派地方「老虎」被清除；據報，2014 年廣東省查處的官員數居大陸各省之首。

習近平將廢除接班制

不過，胡春華作為胡錦濤選定的隔代接班人，在習近平眼裡不是必須遵守的定規，因為習自許為改革派。2016 年 5 月，隨著習江鬥的升級，有關 2017 年中共十九大政治局換屆人事安排的說法不斷傳出。

而回顧中共最高「接班人」，下場大多很慘。

在毛澤東時期，毛先後五次指定「接班人」，分別是建政初期選定劉少奇、鄧小平，「文革」期間的林彪，「文革」中期的王洪文，臨終前選中的華國鋒，但最後這些接班人都在權鬥中「泡湯」了。

毛選定劉、鄧、林、王後，由於內鬥，由於害怕後來者清算自己以前犯下的罪過，劉、鄧被打倒，林彪乘飛機墜毀於蒙古大漠；王洪文多次被毛批不要搞「四人幫」，不要搞「上海幫」，不要搞成「四人小宗派」。只有 1976 年初指定的華國鋒，沒有和毛發生衝突，但毛死後，華國鋒很快被中共元老趕下台。

鄧小平也三次指定其「接班人」，分別是胡耀邦、趙紫陽和江澤民。但由於「接班人」與掌權的鄧小平路線不同，胡耀邦、趙紫陽先後被廢黜；最後倉促選定的江，並非鄧中意的人，是與

其他中共政治老人陳雲和李先念博弈、妥協的結果。1992 年，80 多歲的鄧被迫南巡，準備拿下口是心非的江，但江隨後迫於形勢表態要堅持鄧的「改革開放」，從而逃過一劫。

1992 年的中共十四大上，鄧還隔代指定了胡錦濤，但由於胡不是江指定的人，其權力一直被江及其心腹架空。

據說胡錦濤一度想把位置傳給李源潮，結果被江派否決，胡後來選定李克強，但由於派系紛爭，李克強只能管經濟，大事還得聽別人的。

曾慶紅、江澤民一直對外謊稱是他倆提拔了習近平，其實這是雙方權力鬥爭平衡的無奈之舉。《新紀元》暢銷書《習近平與江澤民反目成仇》講述的就是這段過程以及隨後雙方各次爭奪的焦點事件。

如今輪到習近平選接班人了。雖然十九大習近平必定在位，但他二十大選定的接班人必須在十九大進入政治局常委，否則按照中共台階式提拔慣例就無法延續接班。

習近平常問「歷史評價會如何」

很多人發現，習是不同於中共前任黨魁的人，對個人利益、個人生死看的比較淡，他關注中華民族的未來，關心中國人的明天，因此他才敢於和龐大的江派既得利益階層較量，才敢於把一隻隻大老虎打下馬。

《前哨》雜誌 2016 年 4 月引述習陣營人士的消息透露，每當就一件重要事件作出處理決定後，習近平經常會問身邊人：「這樣做，歷史上會有什麼評價？」《爭鳴》也同期披露說，2016 年

3月初至3月13日，習近平讓王滬寧在北京西山召集了40餘名高層智囊團隊負責人開會，主題就是大陸民主制度和機制改革發展的反思。

報導稱，除了政治局七常委，部分政治局委員亦有到會，習近平更是三次赴會發表講話，再次要求要「本著對歷史承擔」提出發展、進步的意見和建議。

這樣看來，習走的下一步棋也是要經得起歷史考驗的。環顧全球，共產主義土崩瓦解，歷史潮流非常清晰：那就是用民主取代專制，用共和代替獨裁。

習或有「驚人之舉」

對於習不想指定接班人，外界有不同解讀。

一說是現在習無人可選。按照中共「七上八下」的潛規則，現屆25個政治局委員中，有11人有資格競爭「入常」。若以習近平的政治信任度、政治關係「劃線」，習看中的只有一人，那就是栗戰書。不過十九大時栗戰書已經67歲，這點頗為不利。

二說是習將在十九大有「非凡舉動」，可能要把整個體制都變了，中共是否還有十九大都不一定了。比如上海學者楊魯軍表示，中國「正走在十字路口」，2017年將召開的中共十九大面臨三大問題，習近平會否打破潛規則另起爐灶，具有風向標意義。

中共已故大將羅瑞卿之子羅宇2016年初表示，習近平在十九大或二十大上，肯定要「顛覆」點什麼事，他可能按照選總統的方式來，「誰選上誰來當」。

此前有報導說，習在青年時代、也就是「文革」後期，利用

家庭關係之便，讀過相當一批宣傳民主自由的「內部讀物」，受到西方理念的影響，而且習家很多家庭成員都在西方生活，習在中共領導人中，是最熟悉西方社會的；習陣營中的王岐山、李克強，也都是對西方憲政管理非常推崇的人，未來當條件許可時，敢作敢當的習近平很可能會有「驚人之舉」。

高智晟律師更是發表了新書《2017年，起來中國》，預言「中共2017年崩亡」；並專門刊文稱，「中共2017年崩亡」是「神恩」給予他的，「起初讓我也驚心動魄的啟示」，但無論怎樣細膩的記述和怎樣的文字能力，都無法窮盡及再現那些過程的奇妙和震撼。

新紀元前不久出版了第48本暢銷書：《習近平的總統制》，從中可以看到很多尚不為人知的跡象。

第九章

習的舊部新任
卡位戰開打

習近平上台後，通過「打虎」運動不斷清洗江派勢力，同時重用浙江和福建舊部以及陝北老家親信，在黨、政、軍加速布局，淘汰換「十八大後還不收手」的那些鐵桿江派。十九大高層人事卡位戰早已打響。

從 2016 年 3 月開始的大陸各省市縣鄉四級黨委大換屆，是中共十九大人員安排的前奏。圖為中共兩會上。（AFP）

第一節

近 30 人親信名單
或為十九大班底人選

習近平上台後,通過「打虎」運動,不斷清洗江派勢力,同時在黨、政、軍加速布局自己的親信。(Getty Images)

習近平的舊部新班子人選

習近平上台後,通過「打虎」運動,不斷清洗江派勢力,同時在黨、政、軍加速反腐與改革布局。

2015 年 8 月,網路上流傳一份習近平重用浙江和福建舊部以及陝北老家親信的近 30 人名單。《新紀元》分析認為,在中共十九大上,習近平或許會從這份名單中挑出人選,搭建自己的政治班底,特別是 250 名中共政治局委員,很可能就從這份名單中產生。

由此份名單可看出,習近平在昔日江派所掌控的軍界、政法界、文宣系統、江派窩點等大舉汰換人馬,加速在黨、政、軍內部徹底改革的人事布局,以持續十八大以來發動的「打虎」運動。

署名唐楚元、相江宇撰寫的《習近平新軍》一書披露，習近平和搭檔王岐山手段凌厲，打下一個個、一窩窩大虎中虎小虎後，也同時迎來了最要命的短板，就是「人才梯隊」。幫助習近平解決這個難題的有兩類人，一類來自浙江舊部，稱為「之江新軍」；另一部分就是習近平閩江舊部。

《習近平新軍》書中列舉 24 人名單，其中，中共中辦主任栗戰書被外界認為有可能在中共十九大上進入政治局常委會。

另有分析認為，以栗戰書領頭，在中共十九大上，習近平或許會從這份名單中選出人選，搭建自己的政治班底。

習近平的「大內總管」栗戰書

將滿 65 歲的栗戰書（1950 年 8 月生），是河北平山縣人，被指是習近平的親信。栗戰書任河北省無極縣縣委書記時，習近平在鄰縣正定縣擔任縣委書記，兩縣都屬於石家莊地區，因此兩人結識，栗受習賞識。

2012 年 7 月，時任中共貴州省委書記栗戰書被調任中辦任常務副主任。9 月，令計劃被調任中共統戰部長，栗戰書任中辦主任。隨後，中辦被整肅，令計劃的多名馬仔被清洗。中共十八大，栗戰書任中共政治局委員、中央書記處書記；2014 年 1 月 24 日當局成立權力機構「國安委」，習近平任「國安委」主席，團派李克強任第一副主席，栗戰書兼任「國安委」辦公室主任。

2015 年 3 月 19 日，栗戰書以中辦主任和習近平特使身分單獨訪問俄羅斯，與俄羅斯總統普京以及總統辦公廳主任伊萬諾夫見面，為習近平 5 月 9 日訪問俄羅斯作準備。

親習近平、胡錦濤陣營的消息人士牛淚刊文稱，最近的多個

信號顯示，栗戰書從幕後到前台所扮演的角色正越來越吃重。中共下屆常委應該有栗戰書一席。

習近平的「太子黨」兄弟張又俠

中共總裝備部長張又俠與習近平關係密切，二人都來自陝西，同屬太子黨。在中共建政前，張又俠的父親張宗遜和習近平的父親習仲勛曾在陝甘寧野戰集團軍搭檔過，張宗遜任集團軍司令員，習仲勛任政委。

2014 年 11 月 16 日，據港媒東網報導，外界又盛傳習近平可能重設軍委祕書長，並可能讓張又俠擔任這一職務。中共十四大之前，中央軍委都設有祕書長，負責處理軍委日常工作，規格高於四總部首腦。但是其後此職務被認為會架空軍委主席而遭撤除。

此前還曾傳出張又俠將任軍委副主席的說法，但中共十八屆四中全會通報中未涉及軍方人事調整。

習近平的老友趙克石

趙克石，1947 年 11 月出生，河北高陽縣人，曾任南京軍區軍訓部幹部訓練處處長，後調任第 31 集團軍參謀長，不久升為南京軍區副參謀長，2000 年的年底任第 31 集團軍軍長，2004 年 6 月任南京軍區參謀長，次年晉升中將軍銜。2007 年年中任南京軍區司令員。2010 年 7 月 19 日，獲上將軍銜。

2012 年 8 月北戴河會議結束。從 9 月 2 日至 14 日，習近平曾隱身 13 天。習近平在隱身期間，祕密確定了從外地召 5 名高級將領進京候任新的中央軍委高層名單，即所謂新「五馬進京」，其中包括時任南京軍區司令員趙克石。

2012 年 10 月 25 日，中共國防部網站宣布四總部人事調整：房峰輝任總參謀部長；張陽任總政治部主任；趙克石任總後勤部長；張又俠任總裝備部長。

趙克石曾任位於福建省廈門市的 31 軍軍長，與習近平淵源深厚。從 1993 年到 2002 年，習近平在福建省擔任主要職務。而趙克石在 1994 年和 2004 年之間曾經擔任 31 軍的參謀長和軍長。

習近平清華同窗陳希主掌人事大權

2013 年中共「兩會」後，習近平於 4 月 19 日將清華大學同學兼室友的陳希取代沈躍躍任中組部常務副部長，替他執掌組織人事大權。據大陸媒體報導顯示，陳希出生於 1953 年 9 月，是福建莆田人，不僅是習近平清華大學的同班同學，而且住同一宿舍，關係莫逆。

1979 年 3 月陳希與習近平同時離開清華校門，被安排回到自己原籍，至福建大學化工系任教。當年夏天，陳希即考取清華研究生，回京報到後的第一件事情，就是拜訪已在中共中央軍委辦公廳當祕書的習近平。

後來，習近平在清華大學讀博士，據說就是陳希引薦。在習近平主政浙江時，還與已當上清華大學黨委書記的陳希多有合作，兩人在浙江省和清華大學建立了浙江清華長三角研究院。

習近平的首席經濟顧問劉鶴

劉鶴曾就讀於北京著名的 101 中學，1969 年到吉林省插隊。一年後，他加入了中共 38 軍。劉鶴當兵三年後，到北京無線電廠當工人，後考入人民大學。

劉鶴長期在中共國家計畫委員會工作。2003 年 3 月，任中央財經領導小組辦公室副主任。2013 年 3 月起，任中財辦主任、發改委副主任。劉鶴被稱為中南海的首席經濟智囊，為中共總書記起草經濟講稿。

2013 年 10 月，美國《華爾街日報》刊文介紹了劉鶴。該文稱，2013 年 5 月，時任美國國家安全顧問的多尼倫飛往北京參加中美高層會晤，習近平指著身邊一位身材高大的助手對多尼倫說：「這是劉鶴，他對我非常重要。」

2015 年 7 月 8 日，《深圳晚報》轉載《環球人物》的文章〈首席經濟智囊劉鶴首提「頂層設計」〉，文章表示，劉鶴的「底線思維」理念受習近平認同。當時，中國大陸發生股災。大陸財經網 7 月 9 日報導，劉鶴宣稱，中國經濟和股市沒有問題。

8 月份，有海外中文媒體報導稱，政界和財經界傳出新說法，指是有更大的政治勢力企圖弄崩股市，搞垮中國經濟，這是一場政治博弈。

報導稱，有傳聞江澤民、曾慶紅的勢力想藉股市反制習，弄掉習近平的智囊劉鶴等人，阻止習進一步反貪。

習近平的「政治祕書」李書磊

李書磊，出生於 1964 年，河南原陽人。1978 年恢復高考後，14 歲的他進入北大圖書館學系。24 歲獲文學博士學位，此後進入中共中央黨校文史教研部工作，歷任語文教研室主任、文化學教研室主任、文史教研部主任、培訓部主任、教務部主任等職。

習近平自 2007 年起兼任中央黨校校長後，李書磊 2008 年任中央黨校副校長。據稱，習近平在黨校的多篇講話均出自李書磊

之手。李書磊曾被傳調往習辦，是習近平的政治祕書。也有消息稱李書磊是習近平的智囊。

2014 年 1 月 29 日，福建省福州市鼓樓區政府網站新聞稿稱，1 月 29 日上午，福建省委常委、省委宣傳部長的李書磊一行來到福州市鼓樓區安泰街道綜合文化站進行調研。此消息證實了此前關於李書磊調任福建的傳言。

習近平「大內總管」人選丁薛祥

1962 年出生的丁薛祥，曾長期在上海任職。2004 年，丁任上海市委組織部副部長。此後歷任市委副祕書長、市委辦公廳主任、市委常委、祕書長等職，曾輔助習近平半年。

有報導稱，2012 年 5 月召開的上海市黨代會上，在丁薛祥的安排下，將江澤民的親信楊雄、外甥吳志明排除在市委常委之外。

港媒稱，丁薛祥因其圍剿上海江家幫，遭到惱羞成怒的江派殘餘的瘋狂反撲，令丁薛祥在十八大代表中落選，連上海代表都當不成。原本習近平屬意丁薛祥做的中辦主任一事當時就「泡了湯」，最後是栗戰書成為中辦主任。

2013 年 5 月，丁薛祥被調到中央辦公廳任副主任兼習近平辦公室主任。

習掌喉舌的「重要棋子」黃坤明

黃坤明，1956 年 9 月出生，福建上杭人。黃坤明大學畢業後開始在福建龍岩工作，18 年內任職至龍岩市長。而這段時間內習近平也曾在福建工作。此後黃坤明和習近平又相繼調往浙江任職。在海外媒體的報導中，多將黃坤明視為習近平管理文宣系統

的重要「棋子」。

2013 年 10 月，黃坤明調任中共中央宣傳部副部長。2014 年 12 月，任中宣部副部長一年多的黃坤明升任常務副部長，列名正部級，並任中央文明辦主任，接替雒樹剛的職位。

2014 年 11 月，在習近平在文藝工作座談會上發表講話後，黃坤明在官媒《人民日報》撰文呼應。黃坤明調任中宣部並升任常務副部長被指是習近平在中宣部布局、進一步掌控文宣系統的重要步驟。

習近平的鐵桿「文膽」何毅亭

2013 年 9 月，中共中央黨校官網報導，何毅亭任中央黨校常務副校長（正部長級），成為劉雲山的「第一副手」，此前其任職中央政策研究室常務副主任。

簡歷顯示，其 1986 年起開始在中共中辦工作，歷任中央政策研究室處長、副主任、常務副主任，以及黨建領導小組中多種職務。在擔任中央政研室副主任和常務副主任期間，何毅亭多次隨同胡錦濤、習近平等出訪各地。何毅亭出版有多本關於官員公共形象的著作。

2015 年 2 月，據香港《經濟日報》報導，何毅亭在中國新年前陪同習前往陝西。何毅亭為習近平發動的反腐敗運動提供理論基礎，制定了「習八條」等。

「之江新語」策劃者陳敏爾

1960 年出生的陳敏爾是浙江諸暨人，1984 年進入官場，從浙江省紹興市委宣傳部幹事，歷任紹興宣傳部長、縣委書記、寧

波市常委副市長，1999年至2001年任浙江日報報業集團社長、黨委書記，2001年12月起任浙江省委宣傳部長，直至2007年6月任副省長。

習近平在2002年至2007年任浙江省委書記。2003年2月25日起，《浙江日報》頭版特闢專欄「之江新語」，署名「哲欣」（取「浙江創新」之意），每篇僅數百字，共232篇，平均每周一篇。「之江新語」實際是由習近平所寫，而身為宣傳部長、又是前報社社長的陳敏爾對經營這個專欄不遺餘力。

2012年1月，陳敏爾異地調任貴州省委專職副書記。當年12月，接替趙克志任省政府黨組書記。2013年1月任貴州省長。

習近平主政浙江時副手夏寶龍

夏寶龍1952年出生，天津人。1972年從政，在天津市河西區任共青團區委幹部，直至1997年任天津市副市長。2003年夏寶龍調任至浙江省任省委副書記，2011年擔任副省長、代省長。夏寶龍作為「習家軍」而被看好。

習近平2002年調任浙江任省委書記時，夏寶龍隔年就調任至浙江做其副手，兩人一同工作4年。2007年習近平雖調任上海任市委書記，但由於兩地接壤，交流依舊頻繁。

2014年4月17日，路透社援引消息稱，習近平的政治盟友、浙江省委書記夏寶龍是接手新疆地區的主要人選，2017年很可能會成為政治局委員。

習近平三年形影不離的祕書李強

李強，1959年7月生，浙江里安人，曾任浙江省民政廳副廳

長；浙江省金華市委常委、永康市委書記；浙江省金華市委常委，永康市委書記、市人大常委會主任；浙江省政府辦公廳副主任；浙江省工商行政管理局長；浙江省溫州市委書記等職。

2004 年 11 月，李強任浙江省委祕書長，直到習近平調任上海。期間，李強與習近平交情不一般，也很受習近平賞識。

2011 年 2 月，李強任浙江省委常委、祕書長、政法委書記，11 月任浙江省委副書記，2012 年 12 月任浙江省代省長，2013 年 1 月任浙江省長。

習近平的福建舊部何立峰

何立峰出生於 1955 年 2 月，是廣東興寧人。何立峰曾與習近平在福建共事。1985 年到 1988 年間，習近平任中共廈門市委常委、副市長，何立峰任廈門市政府辦公室副主任，之後擔任廈門市財政局副局長、局長。2001 年 12 月，時任福州市委書記的何立峰成為省委常委，與時任福建省委副書記、省長習近平再度共事。據稱何立峰早年與習近平共事期間私交頗好。

2014 年 6 月，時任天津市政協主席、十八屆中央候補委員的何立峰調任國家發改委黨組副書記、副主任。中共十八大以後，溫家寶親信徐紹史、習近平親信劉鶴與何立峰，相繼出任發改委主任與副主任，被指掐斷了江派斂財的「中樞」機構。

跟隨十年的習辦大祕鍾紹軍

鍾紹軍是浙江衢州開化縣人，長期跟隨習近平，由浙江、上海直到中南海。

據稱，習近平當年隻身一人前往浙江就職，鍾紹軍是省委組

織部副部長。2007 年他跟隨習近平調任上海市委辦公廳副主任，同年秋天調入北京工作，兼任中央辦公廳調研室政治組組長。

鍾紹軍於 2013 年 6 月任中共中央軍委辦公廳。後來有路透社的報導稱，鍾紹軍已經被任命為中央軍委辦公廳副主任。

中共中央軍委辦公廳是中共軍委中樞機要機構，是中共當權者必爭之地，辦公廳主任一職一般由當權者親信出任。

有報導稱，鍾紹軍進入軍委辦公廳後，收集了大量江派軍中大佬徐才厚的材料，並上報習近平，為習近平抓捕徐才厚鋪路。

2014 年 11 月 7 日，中共官媒報導，習近平簽署命令，軍隊審計署由總後勤部劃歸中央軍委建制，主管全軍審計，其黨政工作和行政管理由軍委辦公廳管轄。

將負責直接管理軍方審計署的中央軍委辦公廳現任主任是秦生祥，副主任是鍾紹軍。兩人都是習近平的親信。

習的「專用記者」慎海雄

慎海雄，1967 年 4 月生，浙江湖州人，自 1989 年至 2012 年，一直任職於新華社浙江、上海兩個分社，2012 年 8 月任新華社副總編輯。習近平則於 2002 年 10 月至 2007 年 10 月主政浙江、上海，與慎海雄有交集，慎被稱為習的「專用記者」。

2014 年 7 月 16 日，中共官媒報導了中共國務院任免國家工作人員的名單，其中任命慎海雄、于紹良為新華社副社長，彭樹杰為新華社副總編輯。

2015 年 1 月 8 日，大陸微博和媒體曝出消息稱，中共央視台長胡占凡將離任，習近平親信、現任新華社副社長慎海雄將繼任央視台長。但消息隨即被刪除。之後於 4 月由派系色彩較淡的技

術官僚聶辰席過渡。慎海雄則於 2015 年 8 月調任中共廣東省委宣傳部長。

習近平用鍾山在商務部長線布局

鍾山，1955 年 10 月出生，浙江上虞人。習近平在 2003 年任浙江省委書記時，鍾山是該省主管對外貿易的副省長，二人共事 5 年時間。2008 年末升任商務部副部長，並於 2013 年 3 月成為正部長級的國際貿易談判代表。

2014 年 7 月 2 日，中共商務部網站顯示，商務部副部長兼國際貿易談判代表鍾山，任商務部黨組副書記。

鍾山此次職務變動是原商務部黨組副書記、副部長姜增偉調離商務部的後續調整。此番調整後，鍾山成為商務部排名第一的副部長。有觀點認為這也是習近平對商務部的長線布局。

上海市長候選人應勇

應勇，1957 年 11 月生，浙江仙居人，長期在浙江工作，2007 年 12 月任中共上海市高院黨組書記、院長。2013 年 4 月任中共上海市委常委、組織部長。

應勇和習近平有交集，是習的舊部。2002 年 10 月，習近平轉任中共浙江省副省長、代省長，11 月，任中共浙江省委書記，直到 2007 年 3 月，習近平才被調任中共上海市委書記。這一期間，應勇分別在中共浙江省公安廳、紀委和高院任職。

2014 年 5 月 20 日，有大陸媒體報導稱，中共上海市委常委、組織部長應勇很有可能接替李希，任上海浦東幹部學院第一副院長，從而成為下一任中共上海市委副書記。

果然，2017 年 1 月 20 日下午，上海市第 14 屆代表大會第五次會議舉行第三次全體會議，補選應勇為上海市長。

國安辦專職副主任蔡奇

公開資料顯示，蔡奇，1955 年 12 月 5 日生，福建尤溪人，長期在福建和浙江兩地任職，是「之江新軍」的重要成員。

蔡奇從 1983 年至 1999 年的 17 年任職福建省，官至三明市委副書記，習近平當時任福建省委副書記。1999 年 5 月，蔡奇先調任浙江衢州市，此後輾轉台州、杭州任職。2002 年 10 月習近平主政浙江後，蔡奇又與習近平共事 4 年多。蔡與習有 20 年的上下屬關係，蔡奇頗受習近平重用。

2013 年 11 月 22 日，蔡奇任浙江省副省長；據報，2014 年 3 月，蔡奇轉任國安委辦公室副主任。

2015 年 2 月，據港媒報導，有熟悉情況人士透露，最近，蔡奇祕密訪港，尤其是搜集與國安有關的香港民情、政情，然後直接向身兼中共國安委主席的習近平彙報。

2017 年 1 月 20 日，蔡奇正式出任北京市長。

《人民日報》總編楊振武

楊振武是習近平在河北正定縣工作時的同事，據悉兩人關係很密切。楊振武從 1982 年到 1983 年曾任正定縣委副書記，1983 年到 1985 年擔任正職，這期間習近平正好在正定任職。

在此之前，楊振武擔任《人民日報》駐河北記者站記者期間，寫了一篇以習近平為人物原型的報導，從而幫習近平進入鄧小平視線。

2013 年 4 月，楊振武被調任《人民日報》總編，當時外界普遍認為是作為習近平的親信安插進了中共最主要的官媒。

2014 年 4 月 30 日，《人民日報》官網顯示，楊振武任《人民日報》社長，原社長張研農卸任；李寶善任總編輯，楊振武卸任總編職務。

《人民日報》為中共最重要的輿論喉舌之一，是管窺中共政治方向的最重要視窗，也成為習近平陣營與江派必爭的一個重要陣地。

北京公安局長「九門提督」王小洪

王小洪是習近平在福建工作時的舊部。習近平 1990 年至 1996 年擔任福州市委書記期間，王小洪先後擔任過福州市閩侯縣公安局長、福州市公安局副局長等職。

港媒報導稱，熟悉福建官場的一名已退休的官員透露，習近平與王小洪當年在福州關係密切，這是福建官場公開的祕密。

2013 年 8 月，王小洪從福建調任河南任省公安廳長。王任該職剛滿三個月，曾查處轟動一時的鄭州「皇家一號」夜總會案。

據大陸媒體報導，2015 年 3 月 26 日下午，中共官方宣布王小洪任北京市副市長兼公安局長。此前，王小洪任河南省副省長、省公安廳長等職。

習近平舊部舒國增協掌中財辦

舒國增出生於 1956 年 8 月，浙江杭州人，曾長期在浙江省委辦公廳工作。習近平從 2002 年到 2007 年任浙江省委副書記、代省長、浙江省委書記期間，舒國增於 2004 年由浙江省委辦公

廳綜合處處長升任辦公廳副主任。

2014 年 11 月 30 日，中共新華網報導，由中辦、國辦聯合派出的八個督查組赴 16 個省區市督查各地對中共政策「落實」情況。由中財辦副主任舒國增率領的第三督查組一行 9 人，28 日上午抵達內蒙古。

這是舒國增首次以中財辦副主任身分露面，說明舒國增已由浙江省委副祕書長、省委政研室主任升任副部級的中財辦副主任。

「學習粉絲團」後台梁建勇

2012 年 11 月 21 日，「學習粉絲團」開博，該帳號發出的微博絕大多數與習近平相關。微博發布了不少習近平的近距離照片。而且發布的速度比官方微博，包括新華社的各個微博都快速。

因此外界猜測，這個微博是由習近平的團隊負責打理，嘗試通過各種方式為其打造一個親民的形象。

據內幕人士透露，「學習粉絲團」是由習近平在福建時的習近平辦公室主任梁建勇批准建立，由專業記者維護。

梁建勇，1959 年 9 月出生，山西陽城人，曾任福建省莆田市長、福州副市長等織。2013 年 2 月 5 日，梁建勇任中共莆田市委書記；2014 年 8 月任中共福建省龍岩市委書記。

遼寧省委書記李希

陝西是習近平的老家、其父習仲勛起家之地，也是習近平青少年時期當知青的地方。一批來自陝西政壇的中共官員，被稱為習近平的親信「陝軍」。

港媒報導稱，從官方簡歷看，李希未與習近平共事，但長期在習故鄉陝西任職，而李希又是甘肅兩當人，1932年4月，習近平之父習仲勳曾在兩當縣發動兵變。此外，李希曾在習的母校北京清華大學任職，被認為受習青睞。因此，李希被視為習的親信。

李希2004年12月後任陝西省委常委、祕書長、延安市委書記。港媒報導，李希在主政延安期間，與習近平有過交集。2007年8月，時任中共上海市委書記的習近平會見了由陝西省委常委、延安市委書記李希帶領的延安市代表團一行。

據報導，習近平曾在延安梁家河村當農民七年。習近平被確立為中共接班人後，2008年給梁家河村民覆信，李希到這個小村莊宣讀，並提出「示範村」等說法。

2011年，李希從延安市調任上海出任市委常委、組織部長等職，2013年4月任上海市委副書記。李希2014年4月任遼寧省委副書記，2014年5月任遼寧省副省長、代理省長。2014年10月，任遼寧省委副書記、省長。

2015年5月4日，中共官方宣布，王珉不再擔任遼寧省委書記職務，由遼寧省長李希接任遼寧省委書記。

安徽省委副書記李錦斌

李錦斌，1958年2月出生，四川成都人，曾任吉林省副省長、陝西省委常委、組織部長，中共十八大後的2013年6月由陝西調任安徽，任安徽省委副書記。

2015年6月8日，中共安徽省第12屆人大常委會第20次會議召開，王學軍辭去省長，李錦斌接任代理省長。7月28日就任

安徽省長。2016 年 8 月 29 日再升為安徽省委書記。

天津市委副書記王東峰

王東峰，1958 年 2 月出生，陝西西安人，曾任國家工商行政管理總局副局長，屬於習近平的「陝軍」人馬。

2013 年 4 月，王東峰由國家工商總局副局長調任天津市委副書記，為習近平、王岐山完全掌控天津埋下伏筆。王東峰被認為是未來天津市長的熱門人選，他是土生土長的陝西官員，曾擔任渭南市長，而習近平老家富平，正是渭南下屬的一個縣。

黃興國落馬後，2016 年 9 月 14 日起王東峰代理天津市長，11 月 6 日正式就任市長。

新任國務院副祕書長江澤林

江澤林，1959 年 10 月出生，安徽安慶人，與中共總理李克強、副總理汪洋是安徽老鄉。江澤林曾任海南省三亞市農業局長、三亞市副市長、海南省副省長，2011 年調任陝西省委常委、副省長。

2015 年 4 月上旬，江澤林卸任陝西省常委、常務副省長，進京任國務院副祕書長，協助汪洋。

中宣部副部長景俊海

景俊海，1960 年 12 月生，陝西白水人，長期在陝西西安高新區任職，2008 年 1 月任陝西省副省長，西安市委常委，西安高新區管委會主任、黨工委書記。2008 年 3 月任陝西省副省長。2012 年 7 月任陝西省委常委、宣傳部長。

景俊海長期工作過的西安高新區，曾先後受到習近平、李克

強的肯定。此前海外媒體報導，從北京了解到，景俊海或進京任職，是習近平用摻沙式替換中宣部的又一舉措。

2015 年 6 月 26 日，陸媒報導，陝西省宣傳部長景俊海不再擔任陝西省委常委、委員職務，另有任用。

據中國國家博物館官網報導，7 月 10 日中共中央宣傳部副部長景俊海出席一畫展開幕式。這一報導顯示，景俊海已擔任中宣部副部長一職。

中組部長趙樂際

趙樂際 1957 年生，陝西西安人，生於青海西寧，曾先後在青海工作長達 30 年，從下放知青到中共青海省委書記，2007 年調任陝西省委書記。

趙樂際是「陝軍」的關鍵人物。趙樂際曾與李希、李錦斌在陝西省委共事。他與習近平算是同鄉，又在習的老家陝西為官，深得習的認可。

2012 年 11 月 15 日，在中共第十八屆一中全會上，趙樂際成為中央政治局委員及中央書記處書記。2012 年 11 月 19 日，趙樂際被任命為中共中央組織部長。

習近平在黨、政、軍加速布局親信

習近平十八大上台以來，重用王岐山發動反腐「打虎」運動，逾百名省部級高官落馬，其中大多是江澤民集團高級馬仔。習近平在反腐「打虎」的同時，在黨、政、軍加速布局自己的親信。

上述親信名單中，布局在軍界的有張又俠、趙克石、鍾紹軍

等人；布局在政法界的有王小洪等人，布局在文宣系統的有李書磊、黃坤明、何毅亭等人，布局在江派窩點的有應勇、李希等人，而神祕人物梁建勇，如果真是「學習粉絲團」後台，將是習近平布局在「新媒體」領域的棋子之一。上述軍隊系統、政法系統、文宣系統、江派窩點等，均曾被江澤民集團長期掌控，也是十八大以來，習近平、王岐山重點清洗的領域。

第二節

頻繁調人
十九大卡位前哨戰開打

省市縣鄉大換屆

2016 年中國政治是一項重頭戲,從 3 月開始,大陸各省市縣鄉四級最高地方黨委書記的換屆工作相繼開始,這是中共十九大人員安排的前奏,圍繞換屆的人事調整已經在不少地方密集進行。

按照慣例,省市黨委換屆以 58 歲劃線,超過即不再提名。正部級的省委書記、省長則以 63 歲劃線。換人比較集中的幾個省分包括廣東、湖南、內蒙古。一般省級常委人數在 11 至 13 人之間,不過,海南(12 人)、青海(14 人)、新疆(15 人)和西藏(15 人)除外。於是,一個蘿蔔一個坑,走一個舊的,就需要補一個新的來。

比如廣東的珠海、中山、東莞、佛山、汕頭、肇慶、陽江、

肇慶等八個市更換了市委書記或市長，數量超過省屬22個市的30%。如省商務廳長郭元強調任珠海市委書記，陽江市委書記魏宏廣調任湛江市委書記，省委統戰部常務副部長兼省民族宗教事務委員會主任陳小山接任陽江市委書記，中山市長陳良賢調任汕頭市委書記，珠海市委常委焦蘭生接任中山市長，廣晟資產經營公司董事長朱偉調任佛山市長，佛山市委常委兼南海區委書記梁維東調任東莞市長等。

湖南省屬的15個市州同樣有超過三分之一在一個月內調整了一把手。省紀委副書記兼監察廳長周農調任衡陽市委書記；婁底市長李薦國升任市委書記，長沙縣委書記楊懿文繼任婁底市長；湖南省委副祕書長兼政研室主任曹炯芳、省交通廳長胡偉林雙雙空降湘潭市委書記、市長；邵陽市長龔文密、市委副書記劉事青以及株洲市長毛騰飛、市委副書記陽衛國，則均在當地依次順位升接市委書記、市長。

省級層面的卡位同樣在進行。如遼寧省委常委、紀委書記林鐸調升甘肅省委副書記、代省長。由於省委書記王三運已經年滿63歲，故而人們認定林鐸今次升任省長，只是第一步，接任省委書記應只是時間問題。這與原上海市委副書記李希調任遼寧省長，幾月後再接省委書記的模式如出一轍。

20個省委常委空缺

據鳳凰網2016年4月10日統計，大陸當時還有20個省分缺常委，安插誰到這個位置，就成了各方爭奪的焦點。

在黑龍江，原省委副書記陳潤兒調任河南省委副書記而出現

空缺，原政法委書記楊東奇調任山東省委常委而出現空缺，原統戰部張趙敏任省人大副主任而空出統戰部長職務。

在遼寧，林鐸調任甘肅代省長而空出紀委書記一職，譚作鈞出任常務副省長而空出省委祕書長一職，原政法委書記蘇宏章2016年4月6日落馬而空出位置。

在湖南，孫金龍調任新疆黨委副書記而空出省委副書記的位置，林武調任吉林組織部長而空出省委常務一職，李微微任省政協主席而空出政法委書記一職。

在浙江，王輝忠任職省人大副主任，空出了政法委書記一職，劉力偉成為省人大副主任而空出了省委常委，原寧波市委書記劉奇調任江西省委副書記而空出了省委常務的位置。

在天津，省委常務朱麗萍當上市政協副主席後，需要補上一個省委常務。

在河南，劉滿倉成為省人大副主任後空出了政法委書記的職位，原常務陳雪楓2016年1月16日落馬後，繼任者洛陽書記李亞未入常，因為還需要補一位省委常委。

在江蘇，石泰峰升任省長後留下了省委副書記的空缺，副省長徐鳴就任省政協副主席後，還缺一個省委常委。

在雲南，接任省委組織部長的李小三未能入常，原省委祕書長曹建方被免職後，接任祕書長的李邑飛未能入常，於是空出兩個省委常委的位置。

在湖北，張昌爾任省政協主席，空出了政法委書記的位置，襄陽市委書記王君正調任吉林省委常委後，還缺一個湖北省委常委。

在廣西，危朝安就任人大副主任後，空出黨委副書記一職，

溫卡華成為政協副主席後，政法委書記的位置空懸。

另外，在很多地方有一個位置空缺的，如在北京，原市委副書記呂錫文落馬後空出了這個位置；上海市長艾寶俊落馬後空出了市委常委一職；在河北，楊崇勇就任省人大副主任後，空出了常務副省長的位置；在陝西，胡和平任代省長後，省委副書記空缺；在內蒙，布小林任自治區代理主席後，空出了統戰部長職位；在寧夏，蔡國英任職政協副主席後，需要補一個宣傳部長。在安徽，徐立全任政協副主席後，政法委書記空缺；在福建，于偉國升任省長後，省委副書記需要補缺；在廣東，珠海市委書記李嘉被查後，接任者郭元強尚未入常，還缺一個省委常委；在四川，李昌平調任國家民委副主任後，留下一個省委常委的空缺。

光從這個補缺名單上看，習近平反腐幾乎波及了大陸每個省市，真應了老百姓那句話：「烏鴉一片黑，沒一個地方是乾淨的」。

換屆提名年齡劃線

不過，對於 58 和 63 這兩個年齡坎，最近也有不少特例。此前中共出台了《2014 至 2018 年全國黨政領導班子建設規劃綱要》，從時間跨度來講，恰好覆蓋十九大換屆前後。《綱要》明確提出，不簡單以年齡劃線，不把換屆提名年齡作為平時調整的年齡界限。目的是要打破過往存在的超齡就不能獲提拔的「天花板」。

如最近貴州省水利廳長黃家培升遷副省長，黃生於 1957 年 1 月，很快就滿 60 歲，但他在習陣營提出的新常態下，搭上了省部級的末班車。

中組部改字與習反對溫室培養

對於接班人的選定，習近平陣營在 2014 年推出了新修訂的《黨政領導幹部選拔任用工作條例》，這是該條例時隔 12 年後首次修訂。舊版條例的「黨政領導班子成員一般應當從後備幹部中選拔」，在新版條例改為「注重使用後備幹部」。從「一般應從」到「注重」，用意豐富。

2016 年兩會，人們發現無論習近平本人，還是分管黨務工作的劉雲山乃至中紀委書記王岐山等人均大談中共的選人用人機制。官方特別翻出習近平當年主政地方時就用人問題的指示，明確「反對後備幹部放在溫室裡刻意培養」。這應是十八大後中組部用人轉變的高層意志。

多維新聞此前多篇文章解釋了由於反腐整肅打亂了十八大後的人事格局，捉襟見肘已經是掌管用人大權的中組部最為棘手的問題。尤其是對於未來接班人的發現與培養提拔更是攸關大局。20 世紀 80 年代，鄧小平曾就文革之後的用人「青黃不接」警告說有「亡黨亡國」之危。

「注重使用後備幹部」的新表述，意味著中組部傳統的幹部名單制計畫的壟斷地位正在被打破，本文一開始的事實也頗能說明中共人力來源多元化的趨向。

第三梯隊的由來與變化

在組織上，中共一直注重其所謂「接班人的培養」。1949 年中共建政後初期，時任中組部常務副部長的安子文向毛澤東和劉

少奇建議，「擬仿照蘇共的幹部職務名單制的辦法」。此後這一模式一直延續至今，儘管其用人體系經過多次修補，尤其是鄧小平時代引入考績，但至今基本上完整沿用蘇聯模式，即按照「官僚等級名錄制」、「官職等級名錄制」進行管理，所謂的「中管幹部名單」和「儲備幹部名單」就是其具體內容。

據大陸《中國新聞周刊》2014 年刊發的報導〈「第三梯隊」名單建立前後：起用一代新人〉一文稱，1983 年起，中共當局建立了省部級後備官員名單，即「第三梯隊名單」。名單中不少是中共太子黨或團幹部或官二代等。至 1984 年秋，首批名單確定約 1100 人。1985 年、1986 年、1987 年分別推出了三個更新後的版本。

多年後，這份名單開花結果。第十七、十八屆中共中央政治局常委，除兩位之外，皆是名單中人。由此可見中共官僚體制的僵化弊端和所謂虛假選舉的真實內涵。

據〈第三梯隊後繼無人 中共接班斷層何補？〉一文介紹，在 1980 年代「第三梯隊」計畫之後，中共再無公開消息披露中組部制定類似的龐大接班人計畫，但事實上，這並不意味著中共沒有任何動作。從 20 世紀 90 年代初起，中組部開始探索公開選拔領導幹部，副廳級以下以及部分專業性較強的領導崗位實現公開選拔。中共曾下達《關於抓緊培養選拔優秀年輕幹部的通知》和一個五年（1998 至 2002 年）黨政領導班子建設規劃綱要，一個十年（2010 至 2020 年）深化幹部人事制度改革規劃綱要……

2000 年時任中共中央黨校校長的胡錦濤，在全國培養選拔年輕幹部工作座談會上談到當時用人的三大問題：相當黨政領導班子沒有形成合理年齡梯次結構、縣以上知識專業結構不合理（包

括缺少熟悉現代經濟管理、金融、外經外貿及法律的幹部）、相當領導尤其是年輕幹部思想蛻化。彼時，中組部下達明確領導年齡配比方案，「今後兩年，要抓緊選拔一批 45 歲以下的優秀年輕幹部進入省部級領導班子。」

此後，中共人才培養和選調機制更趨於機動，空降、掛職、公派交流等花樣繁多。譬如中組部分別於 2005 年和 2009 年，選派 94 名中央單位和沿海省市幹部「空降」東北，選調 25 名中央財經部門、金融系統官員「空降」湖北、重慶。2001 年中組部與哈佛大學啟動了一個人才培養計畫，包括現任國家副主席李源潮皆曾參與哈佛受訓。

江派大批人馬 玩厚黑學毀了中共

不過在江澤民執政和干政的這 20 年中，江澤民改變了中共提拔幹部的標準。如果說在中共執政初期，毛澤東、劉少奇之流還有一些虛幻的共產主義理想的話，到江澤民時代，這些理想都被「悶聲發大財」的極端個人利益所取代了。就拿十八大後落馬的江派官員來說，無論是薄熙來、周永康，還是徐才厚、郭伯雄等，他們為了錢、權，可以出賣一切，可以幹出任何人們想像不到的惡事。中共就是這樣被這幫人給毀了。

我們所說的江派，不只是指與江澤民有直接關係的一小部分人，而是中共社會在過去 20 年來按照江澤民「悶聲發大財」的治國理念，所出現的擁有權力、擁有財富的一大批人，他們或是政府要員，國企高管，或是商賈富人，軍隊首領，金融大鱷等等。

這幫人完全放棄了中共的所謂理想，放棄做人的原則，他們

貪腐無底線，道德無底線，任何淫亂、荒誕、無情、邪惡的事都幹得出來，他們在政治上完全奉行「厚黑學」，極端利己，搞的所謂經濟發展，目的只在於如何從中大把撈錢。

如周永康、徐才厚那樣動輒上百億的貪腐，與幾十上百女人的淫亂，把修煉真善忍的法輪功學員活活殺死，以偷盜他們的器官來賣錢等等在「這個星球上前所未有的邪惡」，都在江派十多年的惡行中充分表現出來了。其邪惡，令天地震怒，人神共憤。

習近平上台後，為了這個國家不被這幫惡人搞垮，為了奪回自己的政治權力，習近平、王岐山這些年抓的貪官，絕大多數都是這樣的江派惡徒。但是，由於江澤民、曾慶紅這樣的邪惡核心還沒有被擊垮，它們還在組織一大批江派人馬暗中搞破壞，大陸過去半年多裡發生的三次股災，就是江派人馬在股市的政變。2016 年 3 月江派藉新疆無界網絡搞出的逼習近平辭職的公開信，還有張春賢公開反對習近平的種種跡象都表明，習近平與江澤民兩大陣營之間，早已是水火不相容，在未來一兩年內，雙方必然發起最後的決鬥。

清除江派殘餘 習用人多樣化

從前面那些令人眼花繚亂的人事變動中，不難看出一個趨勢：習近平在利用自己的人馬迅速取代和淘汰江派人馬。用王岐山的話說，現在抓的都是「十八大後還不收手」的那些鐵桿江派，很多人拋棄江派轉向後，習都給予重用，如原北京市公安局長傅政華，本是周永康的心腹，但他舉報了周永康的政變，從而得到習的重用，升任中央政法委委員，公安部副部長、黨委副書記（正

部長級）。不過，這樣的人是否能真正轉向，還看其個人的選擇。

　　一般人習慣從官員的出身背景來劃定其所屬幫派，如人們常說的團派、太子黨、紅二代、官二代等，但這樣的劃分在當今中共政壇上已不適用，因為當今中共的政治核心問題就是圍繞法輪功的選擇問題，就是習近平陣營與江澤民派系之間的較量和對抗的問題，因此，最行之有效的辦法就是區別其是江派還是習陣營，而一個簡單易行的指標就看他是否直接或間接地參與迫害法輪功。

　　明白這個用人標準後，不難理解習近平新近提拔的人，看上去很多樣化，他們中有團派，有高校學者、國企高官、或地方大員，看上去很散亂，其實脈絡很清楚。比如，甘肅省長劉偉平調任中國科學院黨組副書記、副院長；中組部副部長王京清調任中國社科院黨組副書記、副院長。有人說這是「能上能下」的體現，劉偉平是被貶到了中科院。殊不知，中科院一直是江澤民大兒子江綿恆的貪腐重災區之一，習把這兩人安插進去，就是為了在科學院系統清除江派的大量殘餘，為下一步布局。

第三節

十九大卡位戰中
習走的幾步新棋

2016 年大陸多省區領導層密集調整，
習近平的用人路線打破許多慣例。
（Getty Images）

　　2016 年 3 月，甘肅省召開省第 12 屆人大常委會第 22 次會議，決定接受劉偉平辭去甘肅省長職務的請求，任命林鐸為甘肅省副省長、代省長，劉偉平進京任職中科院副院長。4 月 9 日，官方發布消息稱，劉偉平兼任中國科學院大學（國科大）黨委書記一職。很多人注意到，在本輪大陸多省區領導層密集調整的背景下，甘肅省長更替一事很值得關注。

劉偉平進京任正部級副職

　　劉偉平比林鐸大三歲，現年 63 歲。劉偉平早年在機械廠工作，1986 年，33 歲的劉偉平任職江西省政府辦公廳副處級祕書，

此後到 2001 年，劉偉平一直在江西工作，歷任江西省政府辦公廳正處級祕書、江西省政府辦公廳副主任、江西省南昌市委副書記、市長等職。

2001 年 7 月，劉偉平轉任青海副省長，其後任青海省委副書記。2006 年 11 月，劉偉平被任命為甘肅省委副書記，2011 年任甘肅省委副書記、省長，直到 2016 年 4 月離隴進京。

劉偉平此次進京擔任中科院副院長，但官級為正部級，是為正部級副職。在中央單位人事布局中，正部級官員擔任副職的情況也多有先例，而所謂「幹部高配」的情況多在地方官場出現。

上世紀 80 年代初，林鐸從北京市懷柔公路管理所一名普通政工員做起，歷經十年，直到 1992 年擔任北京市交通局紀委書記。這是林鐸第一次做紀律檢查工作。其後，他長期在北京市政管委工作，直到 2003 年擔任北京市西城區委副書記、區長。

2006 年 10 月，林鐸升任北京市西城區委書記，四年後任北京市委副祕書長。林鐸在此崗位上才待了一個月，2010 年 8 月，他便離京到東北任職，擔任黑龍江省哈爾濱市委副書記、代市長。2012 年 1 月任哈爾濱市委書記。

2014 年 8 月，林鐸離開黑龍江，轉任遼寧省紀委書記，接替到齡退休的原書記王俊蓮。這是林鐸第二次在紀律檢查領域工作。在他執掌遼寧紀委期間，當地「打虎拍蠅」戰果豐碩，鐵嶺市委原副書記林強、遼寧原省委書記王珉、遼寧人大副主任王陽等高官先後落馬。

「海運倉內參」分析說，2015 年甘肅立案審查省管幹部 41 人，處理違反中央八項規定精神的問題 824 起，處理 1244 人。在甘肅反腐任務艱巨的形勢下，有紀委背景的林鐸此番升任甘肅

代省長，其深意是不言而喻的。

習：讓不能幹的人挪位

2016 年 4 月 12 日，《人民日報》刊發文章，〈當以換屆年為契機，讓不能幹事的人騰出位子〉。文章表示，領導幹部享有「自然下」「主動下」的權利，可以在程式規範的前提下選擇離開領導崗位。文章呼籲突破「不到年齡不能下，不犯錯誤下不了」的傳統思維，對於那些並不適合入仕為官、從政鮮有政績的幹部來說，不妨順勢而「下」。

於是有海外評論把「無論原甘肅省長劉偉平調至中科院，還是原中組部副部長調至社科院」，歸結為習近平說的「庸者下」的用人思路。1953 年出生的劉偉平，其仕途至少還有兩年，在他辭去甘肅省長一職後，外界對其主政一方或進入中共中央重要部委的呼聲走高。但是誰也沒有料想，劉偉平後來的去向是平調中科院黨組副書記、副院長。

文章稱，「堂堂地方大員，進京履任副職，劉偉平的仕途顯然已經提前步入『暮年』。」資料顯示，2015 年甘肅省的 GDP 實現生產總值 6790.32 億元，比上年增長 8.1%，但工業累計虧損 72.3 億元，電力、煤炭、冶金行業工業增加值分別下降 3.8%、6.2% 和 8.9%。在中國 31 個省分的 GDP 總量排名中，甘肅位列倒數第五，名義 GDP 增長率為負增長，僅為 -0.66%。

甘肅作為中國西部大開發的核心地區之一，加之擁有「一帶一路」的政策傾斜，但經濟增速和規模也許並沒有達到高層預期，產業升級速度緩慢。這或許是導致劉偉平「讓位」的原因之一。

另一方面，原中組部副部長王京清仕途常年深耕於中組部系統。2007年8月，他躋身中央組織部務委員，並出任幹部一局長。2011年11月，任中央組織部副部長。所以，中組部履歷深厚的他，一直被認為將被委派到地方歷練，或進入中央其他重要部門的熱門人物。

文章說：「但此次他被調往社科院擔任黨組副書記、副院長。雖然職級上有了副部到正部級的提升，但很明顯社科院屬於國務院的直屬部門中的副職，此次調動仍然給王京清的仕途徒添疑雲，令人捉摸不透。」

中科院、社科院是江派重地

文章把劉偉平到中科院，和王京清到社科院的任職，都簡單歸為「下貶」的典型，不過這也許只說對了一部分，因為在習近平陣營來看，一直被江澤民派系把控的中科院和社科院，是習江鬥的前沿，需要安插有力的人去擔當重任。

江澤民1999年把大兒子江綿恆安插到中科院，擔任中科院副院長，一直到2011年，江派在中科院擁有一大批嘍囉；而社科院一直是劉雲山把持的毛左陣地，不時搞出給習近平添亂的事。

如今的中科院院長、黨組書記白春禮，1996年擔任中科院副院長，2004年被提拔為常務副院長，2011年在路甬祥離開後擔任中科院一把手，現在劉偉平從甘肅省長的位置調動中科院擔任黨組副書記，也許是要取代白春禮，或給白當助手，無論哪種情況，都是對江綿恆勢力的威懾和清除。

而強勢的王京清到社科院，更是可圈可點。社科院院長、黨

組書記王偉光已年屆66，超過退休年齡了，而且他是毛左的代表人物，出版的30多本專著，400多篇文章，主要講的就是《馬克思主義基本問題》、《社會矛盾論》之類的東西。王京清的到來，或讓社科院的人事安排出現大的變化。

習廢兩屆接班人 汪永清引關注

中共除了搞定向第三梯隊外培養外，還搞隔代指定接班人，如鄧小平指定胡錦濤。據《爭鳴》報導，2012年10月初習近平上台前，中共高層會議就通過了中共十九大、二十大領導集體名單，其中十九大政治局常委建議名單為：習近平、李克強、汪洋、李源潮、劉奇葆、孫政才、胡春華、趙樂際、韓正九人，而中共二十大政治局常委會核心領導層建議名單則是：李克強、胡春華、孫政才、汪永清、趙樂際等五人。

但在2016年3月2日，中共中央政治局審議通過決議，撤銷了2012年10月初中央政治局常委會擴大會議定下的草案，包括撤銷「隔代任命」的相關規定。

報導說，習近平在3月2日的政治局會議上說，通過有關決議是有違脫離實際一套，超前安排、固定高層「領導班子」成員的程式形式，後果是出現帶病晉升，出現裙帶風、幫派派系林立後遺症，代價太沉重。

在中共原定的政治局常委名單中，有個人非常特殊，此前很少人關注他，那就是汪永清。

據《大事件》2015年3月的報導說，北京消息來源透露，與王滬寧一道參與籌備國家安全委員會的還有剛剛擔任中央政法委

祕書長的汪永清。而汪永清則是在 2013 年 4 月下旬才引起海內外媒體的關注。

公開資料顯示，汪永清 1959 年出生，江西貴溪人。他於北京大學法律系研究生畢業後進入國務院法制局，2008 年起任國務院副祕書長，一直對時任國務委員、公安部長孟建柱負責。2012 年汪永清任中央編制委員會委員和辦公室主任期間，中央編制委員會主任是溫家寶。2013 年汪永清又回到孟建柱身邊，同時輔佐身兼政法委副書記的國務委員兼公安部長郭聲琨。

2013 年 4 月 23 日，中共政法委網站長安網消息公布，汪永清任中央政法委員會委員、祕書長。其前任是周本順，被視為周永康心腹，被外調京城，到河北任省委書記，2015 年落馬。

於是有人分析說，汪永清原是李克強主持的國務院系統官員，其與曾掌管政法系的周永康仕途上並沒有交集。2014 年 1 月，正當周永康的心腹、公安部副部長、「610 辦主任」李東生落馬之後，以及周永康已被祕密控制期間，公安部長郭聲琨和政法委祕書長汪永清均公開與周永康進行切割，汪曾高調發聲「效忠習近平」。當年 7 月 29 日，周永康正式被通報落馬。

「總理指的路，陸昊已找到方向」

在十九大潛在新人的認定上，大陸媒體似乎已經看準了方向，從報導的人物來看，很可能是「奉旨」有意要宣傳某人，為其高升奠定輿論基礎，這其中就有黑龍江省長陸昊。

2016 年 4 月 11 日，據人民日報海外版、黑龍江日報等報導說，「陸昊最近很忙，除了要在『十三五』開局之年打個漂亮仗之外，

還有一件事情，他非常重視，一個多月內四次開會調研，抓得特別緊。這件事就是李克強總理首推力倡的大眾創業、萬眾創新。」

文章介紹了陸昊將雙創工作的重點放在了大學生身上，鼓勵大學生利用互聯網創業，或「先參與後獨立」創業路，並稱「陸昊本人就是大學生和青年人的表率」。陸昊年輕時是學生幹部，他是經濟學家厲以寧的得意門生，當過國企一把手。上世紀末，陸昊主政中關村管委會，隨即開展了一系列體制機制創新，「中國矽谷」名噪一時。

統戰部「雙副國級」破局

在 2016 年 4 月上旬的官場人事調動中，還值得一提的是，據中國國家民委官網顯示，內蒙古自治區原主席巴特爾已接替王正偉擔任國家民委黨組書記，並兼任中央統戰部副部長一職。至此，中共統戰部「雙副國級」高配的局面已被打破。

綜合媒體報導，2015 年 4 月 15 日，時任中國全國政協副主席的王正偉（副國級）被宣布兼任統戰部副部長，這是繼中國政治局委員孫春蘭接替令計劃後，統戰部又一次高層人事調整。

高校、央企中的新人

據多維網統計，在 31 省區擔當黨政主官的，共計 61 人，這 61 人中，20 多人屬於團派，如以胡春華、陸昊為代表，另外還有五人擁有學者背景，如 2008 年的清華大學原黨委書記胡和平，2013 年「棄學從政」，轉戰浙江、陝西，2016 年 4 月 1 日，履

新陝西省委副書記僅一年的胡和平被任命為代理省長，接替早年
繼任陝西省委書記的婁勤儉。

近年所謂的「清華幫」不斷引人關注。2015 年年初，清華大
學校長陳吉寧「入閣」，繼任周生賢的環保部長之位，躋身正部。
而胡和平之前擔任清華大校黨委書記的陳希，更是早在 2008 年
便進入教育部，至今已經位高權重的中組部常務副部長。

除了學者外，習陣營還提拔了不少央企高官。河北省長張慶
偉（1961 年出生），原為中國航太科技集團公司總經理、中國
商用飛機有限責任公司董事長；山西省長李小鵬，原中國華能集
團公司總經理；遼寧省長陳求發，早年擁有中國航太工業總公司
工作經歷；青海省長郝鵬早年曾在中航工業蘭州飛控儀器總廠任
職……

另外，來自航太重工、銀行金融而後進入省部級後備梯隊的
也大有人在，如重慶市委專職副書記張國清是在十八大後由中國
兵器工業集團公司總經理調任，有「兵工少帥」之稱，而廣東省
委副書記兼深圳市委書記馬興瑞則是「航太系」出身，原任中國
航太科技集團公司總經理。

共青團的優勢與險境

如今高校系的崛起和央企高管的互動正在充實習近平治下的
省市政治團隊，可以明確被冠以「團派」身分者便不下 20 人，
在 31 省區黨政主官的 61 人的樣本中占了三分之一。如果剔除少
數民族擔任自治區主席等特例安排，團派在地方中的優勢地位將
更為明顯。

　　不過近年來習近平對共青團的不滿已公開化。2015 年 7 月，習在「中央黨的群團工作會議」上講話中，對共青團作出嚴厲指責，批其處於「高位截癱」的狀況。中共的「群團工作」是指官辦的「群眾組織」，典型的代表就是工會、共青團、婦聯，其他還包括僑聯、科協、作協、紅十字會等。

　　2016 年「兩會」期間，《中國青年報》自我檢討說：「共青團在內的群團組織出現『機關化、行政化、貴族化與娛樂化』傾向，共青團改革成為全面深化改革與推動國家治理現代化的一個重要組成部分。」

　　由此看來，習近平陣營的用人原則，不再注重出身來源，而是看他是否能和習同心協力，無論是太子黨、團派或學者、企業家、商人，只要能規規矩矩地幹事，幹出成績，就有望被提拔。

第四節

12 省換屆 85 關鍵官位
呈現十九大布局

從 12 省的官員配置看，習近平的人事配置，重點在於壓制江派官員。（新紀元合成圖）

中共六中全會後，2016 年 10 月底新疆第一個省份召開省級黨代會，其他省份陸續跟進，至 11 月底全共有 12 省份黨委完成換屆。12 月還將有兩省換屆。剩餘的 17 省在 2017 年 7 月前換屆。

按照完成換屆時間排序，12 省份分別是新疆、安徽、河南、山西、江西、西藏、湖南、江蘇、廣西、河北、內蒙古、福建。

12 省委或多或少都有新成員加入，新晉常委的共有 38 人，多數是從省政府副職或重要地級市的「一把手」提拔。其他大部分原常委不變。落選的則有兩類人，一是軍方代表，二是一批年近 60 歲的常委。

12 省新常委各省委成員基本是 12 人，新疆、西藏少數民族自治區則各多兩名額，12 省委總人數是 148 人。算上政府班子的

人數黨政兩套班子共有 219 人，各省黨政官員的人數從 16 人至 22 人不等，河南省最多有 9 名副省長。

從年齡看，首位「70 後」官員進入省級黨委常委，他是江西省委常委、省委祕書長劉捷。新晉的省級黨委常委中，還有 4 名「65 後」。

24 名黨政「一把手」「空降」技術官僚和習人馬多

12 省黨政「一把手」共 24 人，由於 2016 年習近平在軍隊改革落實後，尤其是下半年開始，對官場進行了密集替換，不少江派黨政「一把手」被提前退休，以至有六人是非中央委員或候補委員。

24 名「一把手」中，有六人屬技術官僚，分別在不同時間「空降」地方任職，江派色彩較淡。他們分別是，福建省委書記尤權、江西省委書記鹿心社、河南省委書記謝伏瞻、河北省長張慶偉、湖南省長許達哲、安徽代省長李國英。

除張慶偉在航空系統任職 17 年外，其餘五人分別在國務院部門工作超過 20 年。其中有三人是習近平上台再地方任職。

有六人屬習近平人馬，他們分別是江蘇省委書記李強、新疆黨委書記陳全國、福建省長于偉國、江西省長劉奇、山西省長樓陽生、河北省委書記趙克志、江蘇省長石泰峰，除趙克志、陳全國分別是胡錦濤和李克強的親信外，有五人是習近平的舊部，三人浙江舊部、一人福建舊部，一人是中央黨校舊部。

也就是說，24 名黨政「一把手」中，至少有 12 人是習近平可以信任的官員。

另外，有五人的派別不明顯，他們是西藏黨委書記吳英杰、安徽省書記李錦斌、內蒙古政府主席布小林、廣西主席陳武、新疆主席雪克來提‧紮克爾

這五人中有，四人屬於本土官員的提拔，長期在當地任職，另外一人安徽省書記李錦斌是在異地調動中升的官，雖然有一些江派色彩，但是不突出。

李錦斌之前在江派勢力的吉林省從政，有江派的色彩，但是其升遷慢，2002 年 8 月任吉林省副省長，近 5 年無升遷。2007 年 4 月調任陝西省委常委、組織部長，6 年後才調安徽任省委副書記。

台大政治系教授明居正分析說，江澤民主政、干政、以貪治國長達 20 多年，中共官員在這種大環境中，多多少少都要向上司行賄買官，多少都會跟江派有關係。技術官僚跟江派的關係會弱一些。關鍵是要看習近平上台後，這些官員對習近平政策的執行力度如何，有沒有表態支持習近平。

另外有 6 人從其升遷的仕途看屬江派官員，他們是山西省委書記駱惠寧、湖南省委書記杜家毫、廣西黨委書記彭清華、內蒙古黨委省委書記李紀恆、河南省長陳潤兒、西藏主席洛桑江村。

其中，山西省委書記駱惠寧早在 1999 年 10 月 2003 年 4 月曾任宣傳部長，之後就升任青海省委副書記，在青海從政 13 年，官至青海省委書記。其任三年多宣傳部長時，正是江澤民鎮壓法輪功的高峰期，在江時代凡是積極迫害法輪功的官員都很快獲得晉升。

湖南省委書記杜家毫，在上海從政 37 年，官至上海市委常委、浦東新區區委書記，屬上海幫官員，2007 年 12 月調江派的

勢力地盤黑龍江任副省長，四年半後已官至黑龍江省委副書記、政法委書記，進入政法界。之後才調到湖南任省長，與時任湖南省委書記徐守盛搭檔，徐是江派官員。

廣西黨委書記彭清華，曾在中央組織工作 30 年，官至中央組織部務委員（副部長級）兼幹部一局長，其上司是曾慶紅。之後 2003 年調任香港中聯辦，一幹就是 9 年，官至中聯辦主任，曾慶紅曾是港澳領導小組長，香港的中共地下特務全是曾慶紅培植的。2012 年 12 月 19 日，彭清華調任的廣西也是江派的勢力地盤。

2017 年十九大的人事結果，一個重要因素是第十九屆中央委員成員的構成，按十八大中央委員的構成看，中共第十八屆中央委員有 205 人，除政治局常委 7 人、政治局委員 18 人外，餘下 180 人中，省市區黨委書記有 24 人和省市長、區主席有 25 人，這 49 人占 180 名中央委員的近三成人數，起著關鍵的作用。

黨政 61 要職 21 人首次擔任

其實，除黨政「一把手」外，政法委書記、組織部長、宣傳部長、統戰部長、公安廳長也是關鍵位置。上述換屆 12 省一共 61 個這樣的關鍵要職。

在這 61 名官員中，除河南省常委、宣傳部長趙素萍，在 2012 年 1 月首次出任宣傳部長；安徽省常委、組織部長鄧向陽，在 2014 年 8 月次做組織部工作外，其餘 59 人全是在 2015 年後首次擔當上述要職。

在這 59 人中，河北省常委、宣傳部長田向利，雖然是 2015

年 9 月首次擔任宣傳部長，但是其在江派勢力的河北從政多，做統戰部長多年，江派官員色彩濃烈。

除了江蘇省之外，這 59 人分布在其他 11 省中。從江蘇的主要官員派系看，黨政「一把手」都是習的人馬，而其他省份，並非黨政都是習的人馬，有些是「空降」的技術官僚。由此可見，這些首次擔任上述要職的官員，多數派系不明顯，屬習近平重新提拔的官員。

要職配置有講究 重點壓制江派官員

從 12 省的官員配置看，習近平的人事布局有幾種方式：

一、黨政「一把手」都是習的親信；二、黨政「一把手」有一人是親信，一人是江派色彩淡的技術官僚；再配一至三名首次擔任上述要職官員，稀釋江派的勢力。三、黨政「一把手」有一人是親信，一人是江派官員，同樣配一至三名首次擔任上述要職官員，更主要的是必配一名「空降」紀委書記或組織部長，若江派勢力稍明顯的省份，更兩個職位都是「空降」官員。

另外，可以留意的是有些從中紀委「空降」的官員，未必出任紀委書記，可能是直接出任專職省委副書記，影響力會更大。

公安系統未深度清洗 監察委將是「殺手鐧」

從 12 省的公安廳人選看，習近平尚未對公安系統進行深度清洗。在 12 省中，只有福建、江西、河南公安廳長三人不屬江派官員，其餘公安廳長江派色彩強烈。

這九名江派公安廳長中，只有三人在 2015 年調動過，其他人大多在 2013 年習近平權力未穩時有調動。而新疆公安廳長從 2009 年至今未調動過，山西、內蒙古兩省公安廳長也是在中共十八大前入職到現在。

不過，習近平在 2016 年 11 月 7 日開始進行試點改革的監察委將監察公安的「殺手鐧」。

地方各級監察委員將由省（市）人大會產生，整合行政和檢察機關中的監察、反貪力量，即檢察機關內的反貪污賄賂局、反瀆職侵權局以及職務犯罪預防部門都將整合進監察委，與紀委合署辦公。由中紀委統一領導，對所有行使公權力的公職人員監察全覆蓋。

監察委還將會收編檢察院近三分之一的職權、人員機構和編制。整合後的監察委將擁有監督、調查、處置的權限。

北京、山西、浙江三個試點的官員，都有習的人馬在推動。

11 月 17 日，大陸最高檢察院召開黨組會議要求各級檢察機關官員「堅決擁護改革、支持改革，積極支持配合做好各項工作，確保監察體制改革試點工作任務如期順利完成。」

11 月 24 日，北京市海淀區公安分局執法辦案管理中心檢察室成立，這是全國首家派駐公安機關執法辦案管理中心的檢察室。

12 月 5 日，浙江省委書記、省深化監察體制改革試點工作小組組長夏寶龍主持召開省深化監察體制改革試點工作小組第三次專題會議時表示，夏寶龍說，涉及浙江省「監察體制改革的一系列具體工作基本就緒」；要按照王岐山的要求完成這項「重要政治任務」等。

時事評論員倫國智表示，從習近平的布局動作看，監察委是對包括所有行使公權力公職人員進行監察，當然就包括公安。北京公安局長王小洪是習近平的親信，從北京公安局成立檢察室看，目的可能要對公安進行監察。目前，習近平未對公安系統時行深度清洗，一是公安涉及到整個社會的治安問題，觸動太大難免爆發大亂子；二是江派的勢力經營十幾二十年根深基厚，都具有反偵查能力；三目前的紀檢人力不足以對付公安，但是收編三分之一檢察力量就不一樣了。

倫國智還表示，隨著習近平對軍隊、武警、國安系統的進一步清洗，權力穩固後，必須要對公安進行深度清洗的。監察委就是一個重要的布局。

第十章

十九大三大預測名單

中央政治局、政治局常委、總書記、中共中央書記處成員、軍委委員，這些人選必定是中共內部各派角力互相妥協的內定結果。中國問題專家認為，2017 年是習近平與江派決戰之年，到中共十九大召開前，軍方將領、多省大員還將會有大震動。

六中全會後，中共高層再現人事密集變動。通過絕對優勢的「習家軍」比例，徹底終結江派「恐怖平衡」現狀。（新紀元合成圖）

第一節

中央軍委變動名單

長期受江澤民、徐、郭打壓的李作成（左）、秦天（右）等軍中將領成為習近平提拔的對象。（新紀元合成圖）

十九大前人事布局影響中央委員人選

近期不斷傳出習近平有意廢除常委制改實行總統制的說法，習近平是否能成功進行政治轉型，跟他能在政治局上層和軍方獲得多少支持有極大的關係，這就與當前各級黨政軍的換屆選舉結果直接相關。

按中共政體，表面上中央政治局、政治局常委、總書記、中共中央書記處成員、軍委委員都要經過中央委員會選舉。事實上，這些人選必定是中共內部各派角力互相妥協的內定結果。不過，中央委員的派系成分也是影響這個內定結果的重要因素。

從中共第十八屆中央委員的成員構成就可以看到其中的影響因素。

中共第十八屆中央委員有 205 人，其主要身分有：中共中央

和國家領導人；中共中央直屬機構主要負責人；國務院組成部門正部級主要負責人；中共軍方正大軍區級主要領導；各省、自治區、直轄市黨委書記及省長（自治區主席、市長）；各人民團體主要負責人等。

《新紀元》記者整理後發現，除政治局常委 7 人、政治局委員 18 人外，餘下的 180 人中屬中共中央黨務系統的有 24 人、人大政協系統 2 人、國務院（除政法系統）系統 47 人、社會團體 6 人、國企 6 人、省市區書記 24 人、省市長和區主席 25 人、軍方和武警 39 人、政法系統 7 人。

從中看到，中共黨務、國務院系統、各省直轄市自治區、軍方各大軍區軍種的黨政一把手占了八成。

也就是說，中共十九大的中央委員會人選，跟 2017 年十九大前的 31 省市自治區、軍方五大戰區、軍種的黨政一把手有直接關係。

中國問題專家李天笑表示，習近平的頭等要務就是清算江澤民，所以在十九大前，習近平當局必須要清理關鍵位置上的江派官員。由於江澤民執政、干政二十多年，尤其有不少江派官員是在近 17 年靠迫害法輪功及行賄升的官，所以習近平要找到信任的官員並不容易。這就需要在調動的過程中進行識別。

時事評論員倫國智認為，習近平無論將來是否會結束中共專制，清算江澤民都是必然的。因為江澤民集團既然已對習近平布署了政變和暗殺，那結果必然是你死我活的，習近平絕不可能放過江澤民。再有，現在中共活摘器官的罪行已為西方兩大民主議會確認存在，西方國家也將運用國家資源進行調查，一旦拿到確鑿證據，就要對中共進行制裁。習近平當局也不可能為江澤民的

反人類罪買單。

倫國智表示，習近平要做成自己想做的事，就要在政治局和軍隊方面獲得足夠的支持，才可能實現。可預見十九大前的人事布局，將會著重在這些關鍵位置上，各省大員、軍方將領、中央及國家機關的一把手還將會有大變動。

軍方將領調整是習近平執政的保障

倫國智表示，2016 年習近平主導落實軍隊改革，開始是將軍隊上層領導結構中的江派勢力清除掉，然後再從上而下進行清洗。8 月前，軍方將領進行人事大調動，8 月下旬，各大軍區要向戰區移交指揮權。由此可以看出，習近平在軍權穩定的情況下，才對省級大員進行替換，這是為了布局十九大政治局的人事。

2017 年中共十九大時，中共中央軍委也將隨之換屆，目前中央軍委一共有 11 人（見表一），軍委主席習近平（64 歲）將會留任，軍委副主席范長龍（70 歲）將會退役，軍委副主席許其亮（67 歲）按潛規則「七上八下」原則（67 歲上，68 歲下）將會留任，火箭軍司令員魏鳳和（63 歲）也將會留任，而裝備發展部長張又俠（67 歲）若不能晉升軍委副主席就將退役，其餘 6 名軍委委員都將因年齡原因退役。

也就是 2017 年中央軍委至少有一個軍委副主席、五至六個軍委委員的空缺。

軍委委員的補缺一般是從現任上將中選拔，現役上將由於中央軍委聯合參謀部副參謀長、前武警司令員王建平落馬，從 39 人變為 38 人（見表二）。

中央軍委成員 (表一)

序號	軍委	姓名	出生日期	2017年齡	現任職務
1	軍委主席	習近平	1953	64	軍委主席
2	軍委副主席	范長龍	1947	70	軍委副主席
3		許其亮	1950	67	
4	軍委委員8人	常萬全	1949	68	國防部部長
5		房峰輝	1951	66	聯合參謀部參謀長
6		張陽	1951	66	政治工作部主任
7		趙克石	1947	70	後勤保障部部長
8		張又俠	1950	67	裝備發展部部長
9		吳勝利	1945	72	海軍司令員
10		馬曉天	1949	68	空軍司令員
11		魏鳳和	1954	63	火箭軍司令員

　　在這38名現役上將中，2017年超過65歲的12人，剛好65歲的9人，小於65歲的18人。習近平上台後晉升的上將有23人，2015、2016年晉升的有12人。從習近平對軍隊的控制來看，這兩年晉升的上將比較能獲得習的信任。未來軍委成員中，這12人晉升的機會將會很大。另外一個參考因素是各軍種在軍委中的平衡問題。

　　倫國智分析認為，從上述情況看，軍隊將領還將有大的調動，2017年的「八一」前還會有一批中將會晉升上將。

　　台大政治系教授、中國問題專家明居正表示，徐才厚、郭伯雄把持軍隊這麼長時間，軍中沒有行賄的屈指可數，習近平不可能全部換人，也找不到這麼多人來替換。在形勢比人強的江澤民時代，向徐、郭表態效忠的將領並非都不能再用。在這一輪的軍改中，明顯是江派將領或是升遷過快的就會被清洗掉，那些受江

澤民、徐、郭打壓和長期沒有晉升的中層將領將是受提拔的對象。

在這輪軍改中，陸軍總部領導層 11 名將領全部擁有集團軍任職的經歷，他們大部分在習近平上台前，晉升緩慢，在軍長或政委一級停滯，直至習近平上台後，才獲得晉升。

陸軍總司令李作成上將，在 1994 年就任廣州軍區 41 軍軍長，2002 年 1 月卻調去廣州軍區副參謀長近 6 年之久，於 2007 年 12 月才任成都軍區副司令員。據說，李作成因為將第 41 軍部裡立有江澤民「五句話」的牌子「換了地方」，而被人密告給江澤民，以致遭雪藏多年。

2017 年 7 月底，獲升中將的武警部隊參謀長秦天的父親就曾與江澤民有仇。秦天與其兄秦衛江長期被江澤民壓制，直至習近平上台後才獲重用。

有消息說，十九大中央軍委主席是習近平，副主席一個是許其亮，另一個可能是張又俠。

中共38名現役上將（表二）

序號	職位	姓名	出生日期	2017年齡	晉升上將時間
1	中央軍委副主席	范長龍	1947	70	
2	中央軍委副主席	許其亮	1949	68	
3	國防部部長	常萬全	1949	68	
4	中央軍委聯合參謀部參謀長	房峰輝	1951	66	
5	中央軍委聯合參謀部副參謀長	孫建國	1952	65	2014
6	中央軍委聯合參謀部副參謀長	王冠中	1953	64	2015
7	中央軍委聯合參謀部副參謀長	戚建國	1952	65	
8	中央軍委聯合參謀部副參謀長	乙曉光	1958	59	2016
9	中央軍委聯合參謀部副參謀長	徐粉林	1953	64	2013
10	中央軍委聯合參謀部副參謀長	蔡英挺	1954	63	2013
11	政治部主任	張陽	1951	66	
12	政治部副主任、兼中央軍委紀委書記	杜金才	1952	65	
13	政治部副主任	杜恒岩	1951	66	
14	政治部副主任	賈廷安	1952	65	
15	政治部副主任	吳昌德	1952	65	2013
16	後勤保障部部長	趙克石	1947	70	
17	裝備發展部部長	張又俠	1950	67	
18	裝備發展部政委	王洪堯	1951	66	2013
19	海軍司令員	吳勝利	1945	72	
20	空軍司令員	馬曉天	1949	68	
21	火箭軍司令員	魏鳳和	1954	63	2012
22	戰略支援部隊政委	劉福連	1953	64	2013
23	軍事科學院政治委員	許耀元	1952	65	
24	國防大學校長	張仕波	1952	65	2015
25	國防大學政委	劉亞洲	1952	65	
26	海軍政委	苗華	1955	62	2015
27	陸軍司令員	李作成	1953	64	2015
28	東部戰區司令員	劉粵軍	1954	63	2015
29	東部戰區政委	鄭衛平	1955	62	2015
30	南部戰區司令員	王教成	1952	65	2014
31	南部戰區政委	魏亮	1953	64	2014
32	西部戰區司令員	趙宗岐	1955	62	2015
33	西部戰區政委	朱福熙	1955	62	2016
34	北部戰區司令員	宋普選	1954	63	2015
35	北部戰區政委	褚益民	1953	64	2014
36	中部戰區政委	殷方龍	1953	64	2015
37	武警部隊司令員	王寧	1955	62	2015
38	武警部隊政治委員	孫思敬	1951	66	2013

第二節

習掌控中組部
政治局 25 人浮現

北京、上海和廣東三大省市的「一把手」換上習近平的親信，右起依序為胡春華（滬）、夏寶龍（京）、陳敏爾（粵）、馬興瑞（吉）。
（新紀元合成圖）

馬興瑞　　陳敏爾　　夏寶龍　　胡春華

中組部大清洗 五個副部長被換

六中全會後，為布署十九大人事安排，習近平陣營相繼在中組部、北京、上海、廣東等核心地方換上自己人，並有消息說，習近平至少有九人親信，可能在 2017 年擠進中共政治局，人稱「入局」。

中共幹部層的人事安排主要由中組部負責。江澤民上台後，1999 年把曾慶紅提為中組部長，結果上來的人全是江派的，等到胡錦濤上台後，江澤民給安排的組織部長是賀國強，依舊是上海幫的天下。等到 2007 年李源潮接管中組部後，由於令計劃的參與，上來的人大多是帶病提拔的貪官污吏，等趙樂際 2012 年 11 月接管中組部後，他面臨的就是一個複雜的爛攤子。

不過當時習近平面臨的是如何處理薄熙來，以及由此引發的周永康，令計劃等人，等到了 2015 年下半年後，習近平、趙樂際開始清理中組部高層，七個副部長換了五個。

中組部長的結構是一正七副。2015 年 6 月以後，王爾乘、王秦豐、陳向群、王京清、潘立剛，這五名副部長先後調離。2015 年底，中組部前部務委員兼幹部一局長鄧聲明，吉林前組織部長齊玉，福建前組織部長姜信治，先後出任中組部副部長。2016 年 7 月，中組部祕書長高選民任副部長；等到了 2016 年 11 月，周祖翼出任中組部副部長。

至此，中組部基本都是習陣營的人：部長趙樂際，常務副部長陳希，副部長尹蔚民（兼任人事部長）、鄧聲明（兼任幹部一局長）、齊玉、姜信治、高選民（兼任祕書長）、周祖翼；部務委員為吳玉良、臧安民。

北京、上海、廣東換上習親信

搞定中組部後，習近平開始布署最重要的北京、上海和廣東三大省市的「一把手」，因為這三個重要位置上的人，即是政治局的成員，就是「局裡人」。

據說最新的人事調整是：廣東省委書記胡春華調任上海市委書記；浙江省委書記夏寶龍調任北京市委書記；貴州省委書記陳敏爾調任廣東省委書記；深圳市委書記馬興瑞升任吉林省長。

夏寶龍曾先後在天津、浙江省任職。在浙江與習近平曾經有四年的直接上下級關係。2002 年習近平調任浙江任省委書記，夏寶龍則於 2003 年調任浙江做其副手，2007 年習近平調任上海任

市委書記，但由於兩地接壤，區域經濟緊密相連，二人交流也非常頻繁。

夏寶龍在浙江期間，於 2012 年當上中共中央委員；2012 年底，接替趙洪祝出任浙江省委書記；2013 年 1 月，兼任浙江省人大常委會主任。夏寶龍作為「習家軍」仕途被看好。

陳敏爾也被視為是習近平「習家軍」的主要成員。2002 年至 2007 年間，陳敏爾任浙江省委常委、宣傳部長時，習近平任浙江省委書記，兩人有近五年的交集。

近年不時傳出韓正將被調離上海的消息。2016 年 5 月的報導說，韓正流露出惜別上海之意，到徐匯區武康路的舊居告別。見者都認為是他調入北京的前兆。消息還指，中央書記處書記兼中紀委第一副書記趙洪祝當時匆匆到達上海，僅一個晚上就返京。有分析指或與此事有關。

路透社曾報導，江澤民希望韓正留任上海，以照顧其家族和盟友在上海的利益。在十八大後不久，就有傳言韓正將要上調國務院。很多評論表示，韓正離開上海，上調中央，最多也是安排有名無實的職位。其主要目的是讓開位置，為習近平最後對上海展開總攻創造條件和準備。

胡春華配合打虎 從廣東打到上海

調胡春華去上海，這令很多人感到吃驚。不過既然胡春華是胡錦濤培養的隔代接班人，出於胡習聯盟的友誼，習近平也想把他調到上海這個重要位置加以磨練。

廣東原來是江派把持多年的地盤，胡春華到廣東後，積極配

合王岐山的反腐，為習陣營清除了很多江派大員，比如原廣州市委書記萬慶良的突然落馬，東莞的掃黃、打擊曾慶紅等等，胡春華因而被習重用，調到上海配合王岐山打下「上海幫」。

據說六中全會內定調任上海後，胡春華從北京回來，把常年斑白的頭髮染得黢黑，形象大變，馬不停蹄開會和調研傳達習近平的要求，顯得活力十足。

習近平還有八名親信或入政治局

從十九大政治局人手來看，除了夏寶龍、胡春華、陳敏爾能進入 25 人小圈子外，還有八名習近平的舊部有望入局。其中前五名的可能性比較大：

習近平還有八名親信有望入政治局，依序為劉鶴、陳希、黃坤明、丁薛祥、蔡奇、應勇、李希、李強。（新紀元合成圖）

第一名：中財辦主任劉鶴

北京消息人士 2016 年 10 月 31 日向海外中文媒體透露，劉

鶴在中共十九大還可能晉升，出任副總理。

現年 64 歲的劉鶴任中央財經領導小組辦公室主任，習近平是該領導小組的組長。

港媒《前哨》2016 年 8 月號報導披露，劉鶴同王岐山一樣受到習近平的器重，具備「知己資格」。

劉鶴是習近平的中學校友，被稱為習近平的「首席財經智囊」。

據報，習近平當局的「頂層設計」、底線思維、側供給改革等提法都出自劉鶴。習近平曾經向外國政要稱讚劉鶴：「他對我很重要」。

第二名：中組部常務副部長陳希

2016 年 10 月 24 日至 27 日召開的中共十八屆六中全會上，確立了「習核心」；隨後當局成立了 25 人的「六中全會宣講團」，多名是習近平的人馬，其中包括中組部常務副部長陳希。

外界廣傳陳希可能接任中組部長，並兼任政治局委員；而現任部長趙樂際有望入常，趙也是習近平的人馬。

現年 63 歲的陳希是習近平清華大學的同班同學，而且兩人同一宿舍，關係莫逆。2015 年 12 月 28 日至 29 日召開的政治局專題民主生活會上，陳希破例列席會議。當時就有報導稱，陳希有望接替中組部長趙樂際，在十九大上進入政治局。

第三名：中宣部常務副部長黃坤明

2016 年 10 月 28 日，由中宣部主持召開的六中全會新聞發布會上，中宣部副部長黃坤明回答親共港媒記者問題時說，習近平核心地位是在「新的偉大鬥爭實踐中」形成的；中央委員會一致贊成正式提出了「習核心」。

外界普遍認為，習近平的「核心」地位是通過與江派近四年的鬥爭中確立的。在這四年中，習近平拿下了近180名省部級（包括軍級）「老虎」，大部分是江派人馬，包括周永康、令計劃、郭伯雄、徐才厚、蘇榮、李東生、周本順等江派核心人物。

現年59歲的黃坤明是習近平福建、浙江舊部，他於2013年10月調任中宣部副部長，一年後，又升任為常務副部長。

就在六中全會召開的當天，即10月24日，港媒報導稱，本次六中全會將是習家軍一次大檢閱，並預測習家軍中的黃坤明，未來將掌中宣部，是中共十九大政治局人選。

早在2016年3月，中南海知情人士也曾透露，中宣部長劉奇葆已確定年內下馬，將由習近平的舊部、現任中宣部副部長黃坤明接任。劉奇葆被指是周永康向江派劉雲山推薦的人馬。

第四名：中辦副主任丁薛祥

現任中辦主任栗戰書，被指是習家軍「頭號人物」，2017年十九大升任政治局常委幾無懸念。而習近平上海舊部丁薛祥或將順利接掌中辦，躋身政治局。

現年54歲的丁薛祥在習近平任上海市委書記時，被提拔為市委祕書長、市委常委；2013年5月，丁薛祥被調到中央辦公廳任副主任兼習近平辦公室主任。

第五名：北京代市長蔡奇

2016年10月31日，中共國安委專職副主任蔡奇轉任北京副市長、代市長。江派地方大員、原北京市長王安順因工作調動而「辭職」。

外界認為，蔡奇此次卡位北京，將接替郭金龍，成為2017年入局熱門人選。

60 歲的蔡奇是福建尤溪人，是習近平的福建和浙江舊部，兩人有著 20 年的上下屬關係。

第六名：上海常務副市長應勇

2016 年 9 月 14 日，上海省委副書記應勇被任命為上海副市長。僅僅數日之後，再升任常務副市長。

外界普遍認為，此人事任命是為應勇未來接任上海市長鋪路。報導說，應勇熟悉黨務工作，卻缺乏經濟工作歷煉，若接任市長，2017 年可能升任上海市委書記，接替江派地方大員韓正的職位，並有望躋身政治局。

2017 年 1 月 17 日，上海市長楊雄辭職，由現年 59 歲的應勇接任。應勇是習近平在浙江的舊部，與習共事多年。

第七名：遼寧省委書記李希

中共遼寧省委書記李希是十八屆六中全會文件起草小組的地方代表。六中閉幕後，北京當局成立的「六中全會宣講團」中，李希是唯一的一名來自地方的大員。

有外媒分析稱，在中共十九大，李希有可能再度急升。

現年 60 歲的李希是習近平人馬；習近平十八大上任後，李希先後被提拔為上海市委副書記，遼寧省委副書記、代省長，遼寧省長、省委書記。

李希 2014 年調任江派窩點遼寧省後，配合習近平當局先後拿下五名「老虎」，包括遼寧省前省委書記王珉，遼寧省政協副主席陳鐵新，遼寧省人大副主任王陽，遼寧省委常委、政法委書記蘇宏章，遼寧省人大副主任鄭玉焯等。

第八名：江蘇省委書記李強

2016 年 6 月底，江澤民、周永康老家的浙江省委書記被撤換，

浙江省長李強接替江派地方大員羅志軍出任江蘇省委書記。

港媒評論稱，李強異軍突起，成為「之江新軍」的領軍人物。李強今次擔任經濟強省江蘇的「一把手」，更顯示其政治分量日益吃重，或許在十九大上躋身政治局委員。

現年57歲的李強是習近平在浙江的舊部。習近平2002年任浙江省委書記時，李強同年被提拔為溫州市委書記；習近平離開浙江前，李強已被提拔為浙江省委常委、省委祕書長，成為習的大祕。

預測十九大政治局委員名單

十八大中共政治局常委有7人：習近平、李克強、張德江、俞正聲、劉雲山、王岐山、張高麗；政治局委員18人：馬凱、王滬寧、劉延東、劉奇葆、許其亮、孫春蘭、孫政才、李建國、李源潮、汪洋、張春賢、范長龍、孟建柱、趙樂際、胡春華、栗戰書、郭金龍、韓正。

有消息說，曾喊出對習中央要「絕對忠誠」，堅決維護習中央「絕對權威」的、剛剛調任新疆書記的陳全國，雖然不是習舊部，因「兩個絕對」一出，誰與爭鋒？

還有深圳市委書記馬興瑞也大有可能。他原籍山東鄆城，出生於黑龍江雙鴨山。

這樣以年齡和陣營來看，張德江、俞正聲、劉雲山、張高麗肯定會退休，馬凱、劉延東、范長龍、孟建柱、郭金龍也會退休，算上習近平新近提拔的親信，扣除韓正一直在袒護江派，劉奇葆與劉雲山走得太近，張春賢在新疆與周永康關係太密，這樣算起

來，25 人的政治局委員就可能如下，越靠後，被他人替代的機會越大。

1. 習近平、2. 李克強、3. 王岐山、4. 胡春華、5. 王滬寧、6. 栗戰書、7. 汪洋、8. 趙樂際、9. 許其亮、10. 另一位軍委副主席（可能是張又俠）、11. 孫政才、12. 夏寶龍、13. 陳敏爾、14. 劉鶴、15. 陳希、16. 黃坤明、17. 丁薛祥、18. 蔡奇、19. 李希、20. 李強、21. 應勇、22. 李源潮、23. 陳全國、24. 馬興瑞、25. 李建國。

第三節

習大動中南海
十九大常委浮現

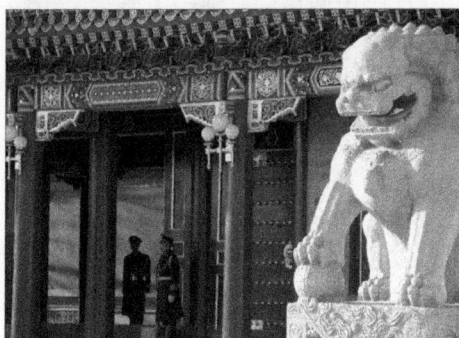

習當局大動中南海權力結構，改革中共中央高層組織構架和人事編制，將實質弱化和取消黨的領導。中國的未來即將發生改變。（大紀元資料室）

在中共籌備十九大之際，有消息傳出，習當局已啟動了對中共中央高層組織架構和人事編制的改革，將把習近平的最高權力位置從總書記換成主席，把中共總書記的頭銜退回到中央書記處的總書記，同時讓國務院總理和人大委員長升格，成為超越原來常委制的新結構。這些變化在模糊黨政關係的同時，將實質性的弱化和取消黨的領導，從而改變中國的未來。

習要大動中南海權力結構

位於故宮西面的中南海是中共高層居住的地方，中共政治局常委基本都住在裡面，外界一般用中南海來代表中共最高權力

機構。

　　香港《爭鳴》雜誌 12 月號披露，在 2016 年 11 月中旬，中共中央政治局和十九大籌備組下發了「關於黨的工作和黨政國家機關部門改革發展的若干建議徵求意見稿」，並向五個範疇的領導幹部傳達，計畫分三個階段逐步完稿。

　　五個範疇包括：第一，在任中央委員、候補中央委員、中紀委委員；第二，在任人大副委員長、政協副主席；第三，已退離休國家一級副國家一級領導人員和享有同級政治待遇人員；第四，在任各民主黨派中央領導班子成員；第五，省部軍一級黨委（黨組）現任成員。

　　在這份初稿的第一、二部分，有關中共中央組織架構、人事編制方面的修訂、改革中，以下三條特別引人關注：

　　其一，設中央委員會主席，設兩名副主席（分別由人大委員長和國務院總理擔任）；其二，設中央書記處總書記、常務書記，中央書記處負責日常黨政軍工作，向中央政治局和中央委員會主席負責；其三，中央軍事委員會設常務委員會，設中央軍事委員會副主席四名，國務院總理和中央書記處總書記為當然副主席。

　　有關中南海政治結構可能突變的傳聞持續爆出，其中最受關注的是 2016 年 5 月《亞洲周刊》披露稱，北京高層正在研議：有沒有必要繼續設中央政治局常委制，有沒有必要打破政治局「七上八下」的年齡潛規則；有沒有必要還需隔代指定下一屆接班人。

　　此前有評論說，《亞洲周刊》經常代表江澤民派系來發布消息、誤導輿論，這次看來也是一樣：他們故意把習近平保留常委，但在常委之上新增一個主席團，誤導為取消常委，從而激起那些

原本可能入常之人及其支持者的嫉恨與反對。

架空常委制 有效監控黨政軍

　　針對上述消息，時政評論人士唐靖遠表示：在新的組織框架下，中共中央委員會主席和兩名副主席成為事實上的領導核心層；而負責處理日常軍國大事的中央書記處，作為政權運行的核心機構，在總書記的領導下向中委主席負責。

　　他分析說：「這個設置的最大意義，在於事實上繞開或者說架空了現行的常委制，讓幾大常委成為一種虛職，這就有效避免了『九龍治水』或『七龍治水』的局面。高層權力進一步集中，這樣，習近平可以最大限度地擺脫江派人馬的掣肘。」

　　唐靖遠還表示，國務院總理和中央書記處總書記成為中央軍委副主席，意味著部分軍權將掌握在國家行政這個系統之中，強化了國家對軍隊的掌握力度。這樣有助於預防出現軍中大佬擁兵自重、尾大不掉的弊端。這個思路和習近平設立國家監察委來取代中紀委執掌監察大權，制衡政府等機構權力是基本一致的。

權力結構扁層化以提高效率

　　目前中共的權力結構是金字塔形的，從上到下依次為，中共總書記一人、政治局常委（7人）、政治局委員（25人）、中央委員（205人）、中央候補委員（171人），未來十九大籌備組提出的新結構是：中央委員會主席一人：習近平，兩個副主席，（人大委員長和國務院總理李克強），接下來就沒有常委這層間隔了，

而是中央書記處直接按照中央主席的命令具體協調各個部門去執行落實，習近平的想法只要通知書記處的總書記，就能下達到各省市和各部委，這不但強化了習的核心作用，也減少了中間環節的阻撓和拖延，從而加速習陣營改革的推進。

也就是說，中南海的最高權力結構，從原來的最核心權力機構的 1+7 人，變成了 1+2 人，政治局常委這一層就降級成為第三層結構，真正決定事情的就是習近平這個中委主席和兩個副主席，再加一個書記處總書記去推動執行。

十九大權力結構圖呼之欲出

由此看來，有三個位置是習近平必須牢牢掌控、任命自己的心腹來擔任的：那就是人大委員長、總理、書記處總書記。

李克強擔任總理，這是十八大胡錦濤捨身炸碉堡留下來的「胡習聯盟」所決定的，這是不會變的，無論習近平多麼信任劉鶴，國務院總理這個位置肯定還是李克強的。江派媒體一再放風說李克強與習近平如何鬧矛盾、打得不可開交，但那都是江派的誇大說辭。李克強非常明白，他必須全力配合習近平的政改，中國經濟才有可能發生轉機。

十八大前夕就有很多消息傳王岐山會接任人大委員長，如今看來，習近平的鐵桿支持者王岐山將在十九大留任，在兼任國家監察委主任的同時，擔任人大委員長。

而栗戰書這個習核心的最早支持者，習近平最親近和最鐵桿的心腹，將會取代劉雲山，成為中央書記處總書記。

這三人定下來後，政治局常委若還是按照十八大的七人模

式，十九大的七常委很可能是：

中央委員會主席習近平、國務院黨組書記李克強、人大黨組書記王岐山、政協黨組書記王滬寧、中央書記處書記栗戰書、中紀委書記胡春華、國務院黨組副書記汪洋。

第四節

胡錦濤現身廣州
胡春華新去向

2017 年 1 月 26 日，前中共主席胡錦濤到訪廣州，由廣東省委書記胡春華陪同下逛西湖路花市。該消息當天從微博傳出，但中共官媒未見報導。據說目前官媒都怕犯錯，特別是與 19 大人士安排有關的敏感新聞，他們寧願錯過新聞，也不願犯錯。

胡錦濤現身廣州花市 健康微笑

據外媒報導，過年前夕，胡錦濤被爆與家人現身廣州花市，根據視頻顯示，精神不錯的胡錦濤現身於廣州市最熱鬧的商業街北京路，並參觀了附近的西湖路年宵花市，大批市民夾道圍觀，爭相拍照。

胡錦濤的左手邊拉著一名年約八歲的女童，身旁還有他的夫人劉永清、任嘉興市長的長子胡海峰，以及一名年約十歲的男童。

外界猜測這兩個孩子是胡錦濤的孫子和孫女。陪同胡錦濤的包括廣州越秀區委書記王煥清、廣東省委書記胡春華及省長馬興瑞。

不過照片上，人們看到的往往是胡春華遠遠地站在胡錦濤的身後微笑，而站在胡錦濤身邊充當解說的，卻是王煥清或馬興瑞。胡春華的低調更是顯示了他一貫為官謹慎的特點。

在 2016 年 11 月 18 日，江派媒體報導說，胡錦濤病重，可能很危險。但這次胡錦濤高調公開露面，顯示出該謠言不攻自破。

有網民笑言，胡錦濤是否南下躲避北京的霧霾天氣。有消息指，1 月中北京遭遇近期最嚴重的霧霾開始，中辦就紛紛安排退休眾高層到各地「避霾」。胡錦濤南巡已經多日，先後到了海南和廣東，選擇年二十九在廣州公開亮相，顯然不是隨意而為。

許多人分析說，在中共十九大準備召開，高層權力鬥爭進入白熱化階段，胡錦濤此時「南巡廣東」，大有為胡春華站台打氣、挺「小胡」上位之意。

據香港媒體報導，如今胡春華入主廣東已經四年有餘，其廣東成就就是他未來仕途的晴雨表。就在國家統計局上周公布全國 2016 年經濟運行數據後，2016 年廣東 GDP 達到 7.95 萬億元，增長 7.5%，GDP 總量連續第 28 年占據榜首，並且穩坐第一經濟大省的位子將江蘇甩在了身後。

作為外貿依存度最高的省份，廣東在 2008 年金融危機中所受的衝擊最大，轉型升級也開展得最早，目前已初見成效。

在政治方面，胡春華近年在廣東積極向王岐山靠攏，廣東打虎勢力一直不弱，特別是助力拿下萬慶良和朱明國兩個江派大老虎，而且在擁護習核心立場上，胡春華也跟得很緊，2016 年 2 月便已經突出了習近平的領導威望。

就在胡錦濤看花市的前兩天，1 月 24 日，廣東省委書記胡春華和新任廣東省長便依慣例，向網民發出新年賀信，兩度提出在 2016 年六中全會所確立的「習核心」。

胡春華進入監察委 19 大入常

有分析認為，胡春華作為胡錦濤精心栽培了 20 年的接班人，剛好小習近平 10 歲，2022 年才 59 歲，正是恰如其分的接班年齡。被稱作「小胡」的胡春華，具有改革者形象，甚至有人認為其政治閱歷根本就是胡錦濤翻版。

有北京的時政觀察學者稱，按中共選拔與培養接班人的規矩，二十大的新總書記人選應該在十九大時確定，從而進入政治局常委和軍委，擔任國家副主席，全面參與黨政軍和國務活動，以積累經驗，方便接班。

不過習近平陣營此前早就放風，19 大將不討論接班人問題，胡春華的去向就更加撲朔迷離。

2016 年 11 月有消息說，上海、廣東、北京三地市（省）委書記人事調動即將公布。胡春華或將調任上海市委書記，其空缺由貴州書記陳敏爾接任。

不過後來人們發現，2016 年 9 月 14 日，上海市十四屆人大常委會會議上，應勇被任命為上海市副市長。以專職副書記兼任政府二把手的模式，這一模式在中共官場極為罕見。此前只有一例：2016 年 4 月，湖北常務副省長王曉東兼任省委副書記。

現年 59 歲的應勇與曾在浙江官場與習近平共事多年，先後任浙江公安廳副廳長、紀委副書記、浙江高院院長等，2014 年 7

月出任上海市委副書記。

2016年應勇兼任副市長時，很多人就分析，應勇從來都是政工系列的人，從未搞過經濟，讓他來當上海市長，明顯就是一個過渡安排：等到2017年9月地方黨政換屆時，他就會升為上海市委書記，成為上海市府的未來「當家人」。

港媒《明報》也發文表示，應勇若要取代韓正，也有陳良宇的先例可循：當年陳良宇創下了由擔任副書記、副市長到市長僅用兩個多月，而任市長未滿一年即升任市委書記的快速升遷紀錄，外界分析應勇將沿用此模式。

應勇擔任上海市委書記，那胡春華會去哪呢？

據《明報》消息說，胡春華從中共六中全會回來後，馬不停蹄開會和調研，還染髮改變形象，或為擔任新職作準備。

香港《動向》雜誌2016年12月號報導，中共正在推動建立的國監委將是國家權力名下的機構，遠比中紀委涉及的面更寬。未來的國監委將由兩位政治局常委負責，王岐山是國監委的掌門人，而胡春華將出任常務副主任，「負責實際運行」。

此前《新紀元》預測19大可能的七人制常委頭銜名單：中央委員會主席習近平、國務院黨組書記李克強、人大黨組書記王岐山、政協黨組書記王滬寧、中央書記處書記栗戰書、中紀委書記胡春華、國務院黨組副書記汪洋。

這裡提到的胡春華擔任中紀委書記，其實就是國家監察委的代稱。預計2017年3月即將召開的人大政協兩會，一個主要議題將是：正式確立國家監察委。這為王岐山的留任以及胡春華的仕途鋪平了道路。

中國大變動系列 **055**

習近平看中的三個人

作者：王淨文 / 季達。**執行編輯**：張淑華 / 韋拓 。 **美術編輯**：吳姿瑤。**出版**：新紀元周刊出版社有限公司。 **地址** ：香港荃灣白田壩街 5-21 號嘉力工業中心 B 座 3 樓 25。 **電話**：886-2-2949-3258 (台灣) 852-2730-2380 (香港)。**傳真**：886-2-2949-3250 (台灣) / 852-2399-0060 (香港)。**Email**: newepochservice@gmail.com。**網址**：shop.epochweekly.com 。**香港發行**：田園書屋。**地址**：九龍旺角西洋菜街56號2樓。**電話**：852-2394-8863。**台灣發行**：高見文化行銷股份有限公司。**地址**：新北市樹林區佳園路二段70-1號。**電話**：886-2-2668-9005。**規格** ：21cm×14.8cm。**國際書號** ：ISBN978-988-77341-6-1。**定價** ：HK$128 / NT$400 / KRW$20,000 / US$29.98。**出版日期**：2017年3月。

新紀元
NEW EPOCH WEEKLY